VERFALLEN & VERGESSEN

Georg Lux
Helmuth Weichselbraun

VERFALLEN & VERGESSEN

Lost Places in der Alpen-Adria-Region

Fotos: © fotoquadr.at/Helmuth Weichselbraun
Außer: S. 30 u. Postkarten Mehner & Maas, S. 37 Kinomuseum
Klagenfurt, S. 90 u. Gemeinde St. Margareten im Rosental,
S. 122 Cimitero Monumentale delle Vittime del Vajont,
S. 177 First in the World – 150 Years of Rijeka's Torpedos

Coverfoto: Porto Vecchio, Triest (s. auch S. 151)

STYRIA
BUCHVERLAGE

Wien – Graz – Klagenfurt
© 2017 by Styria Verlag
in der Verlagsgruppe Styria GmbH & Co KG
Alle Rechte vorbehalten.
ISBN 978-3-222-13551-4

Bücher aus der Verlagsgruppe Styria gibt es
in jeder Buchhandlung und im Online-Shop
www.styriabooks.at

Covergestaltung: Florian Zwickl
Buchgestaltung: designation e. U., Klagenfurt
Lektorat: Nicole Richter

Druck und Bindung: AduPrint
Printed in the EU
7 6 5 4 3 2

INHALT

Vorwort und wichtige Hinweise 7

GRENZGÄNGE

Endstation 13
U-Bahn in den Krieg 21
Die vergessenen Seelen 29
Filmreifer Abgang 35
Tödliches Versteckspiel 41

KÄRNTEN

Ein Scherbenhaufen 51
Baden verboten 57
Die verschwundene Höhle 63
Kesseltreiben 69
Tiefer Fall 75
Ätzende Erinnerung 83
Das versunkene Dorf 89
Ewige Blutspur 95
Steinreich 103

ITALIEN

Kriegsrelikte 109
Einmal Jenseits und zurück 115
Tschernobyl der Wasserkraft 121
Schweigen im Wald 129
Mit Volldampf 133
Der verblasste Diamant 141
Verfahren 147

SLOWENIEN UND KROATIEN

Limbo-Dance 155
Im Abseits 159
Abwasser.................................... 165
Verheerende Innovationskraft 173
Volle Kraft zurück 181
Dekadenz in Beton 187
Alcatraz in der Adria 197

Begriffserklärungen................................ 206
Verwendete Quellen und
weiterführende Literatur 207

Autor Georg Lux (links) und Fotograf Helmuth Weichselbraun

VORWORT

EINE FRAGE DER ZEIT

Die Menschen hoffen aus verständlichen Gründen darauf, aber in Wahrheit ist alles nur ein Trugbild: Es gibt keine zeitlose Schönheit. Auch heilt die Zeit nicht alle Wunden, im Gegenteil. Sie reißt oft neue auf. Das haben Orte und Beziehungen gemeinsam, wenn sich keiner mehr darum kümmert.

Sie haben ein Buch über Lost Places zur Hand genommen und wir kommen Ihnen mit Beziehungskram?! Ja. Über die Jahre hinweg haben wir eine Beziehung zu diesem Thema aufgebaut, um uns am Ende der Arbeit an diesem Buch (ein Vorwort schreiben die meisten Autoren zum Schluss) selbst die Frage zu stellen: Wie und warum sind wir da hineingestolpert?

Das Wie ist mit einem Blick auf unsere bisherigen, meist „unterirdischen" Publikationen* leicht erklärt. Im Alpen-Adria-Raum gilt seit Jahrzehnten die wirtschaftliche Gleichung: Bergbau = Lost Place. Das hat generell unser Interesse an Orten geweckt, denen man attestiert, zwar eine Vergangenheit, aber keine Zukunft zu haben.

Und das Warum? Natürlich spielt der raue Charme der Vergänglichkeit eine Rolle, optisch vor allem. Inhaltlich wollen wir aber nichts schönreden, nichts weichzeichnen, nichts lackieren: Es geht in diesem Buch um Verlassenes, das unserer Meinung nach nicht vergessen werden sollte.

Der größte Feind ist dabei nicht die Zeit, sondern der Mensch. Die Zerstörungswütigen mit krimineller Energie meinen wir damit ebenso wie die Nichtstuer unter Investoren, Spekulanten, Behörden und Politikern. Das gilt für jedes Land, das in diesem Buch vorkommt.

Zum Glück gibt es aber auch die anderen: Viele Vereine und Privatpersonen versuchen, verlassenen Orten ihrer näheren Umgebung neues Leben einzuhauchen, um sie vor dem Vergessen zu bewahren. Diesen engagierten Menschen ist unser Buch als Dankeschön und Unterstützung gewidmet, indem wir Sie, liebe Leserinnen und Leser, einladen, die Augen dafür zu öffnen.

Begleiten Sie uns auf spannende und manchmal unterhaltsame Expeditionen durch einen historisch vernetzten Raum, den man nicht oft genug neu entdecken kann. Folgen Sie unseren Abenteuern, wo dies gefahrlos möglich ist. Und vor allem: Nehmen Sie sich die Zeit, bevor manche vergessenen Orte für immer verschwinden.

Georg Lux, Autor
Helmuth Weichselbraun, Fotograf

PS: Mehr über das „Making of" dieses Buchs sowie über unsere aktuellen und zukünftigen Projekte erfahren Sie im Internet. Unter www.facebook.com/geheimnisvolle.unterwelt berichten wir – mitunter live – von verschiedenen Lost Places. Zusätzliche Hintergrundinformationen und Tipps finden Sie in unserem Blog unter www.erlebnis.net/unterirdisch.

* Kärntens geheimnisvolle Unterwelt –
 Stollen, Höhlen verborgene Gänge. Styria, 2013.
 Gold in Österreich – Eine Schatzsuche. Styria, 2015.

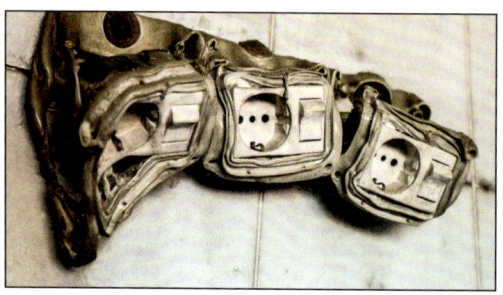

Ein Kunstobjekt? Nein. Folge einer Katastrophe: Stecker in einer ausgebrannten Diskothek bei Bibione

WICHTIGE HINWEISE

Bitte unbedingt beachten:
- Abgesperrt bedeutet: abgesperrt. Wer sich trotzdem zu einem Gelände oder Gebäude Zutritt verschafft, gerät mit dem Gesetz in Konflikt.
- Warnhinweise befolgen. Die Schilder hängen nicht zur Dekoration da.
- Immer in Begleitung unterwegs sein.
- Respektieren Sie fremdes Eigentum. Zerstören/beschädigen Sie nichts.
- „Souvenirs" sind tabu. Auch wenn ein Gelände offen steht, gilt das nicht als Einladung zum Diebstahl, der einen strafrechtlichen Tatbestand darstellt.
- Das Vorhandensein von Decke und Fußboden in einem Raum heißt nicht, dass diese auch „halten".
- Gutes (vor allem festes) Schuhwerk, Taschenlampe und Helm gehören zur Standardausrüstung.

Sämtliche Öffnungszeiten und Adressen der im Buch angeführten Einrichtungen wurden gründlich recherchiert, trotzdem sind die Angaben ohne Gewähr. Ein zusätzlicher Blick ins Internet oder ein Anruf können letzte Gewissheit bringen, damit ein Ausflug gut gelingt. Die Wege wurden von uns begangen und nach bestem Wissen und Gewissen beschrieben. Für deren Benützung im Zusammenhang mit diesem Buch kann dennoch keine Haftung übernommen werden.

Grenzübergang an der alten Loiblstraße
Die Obelisken wurden 1728 errichtet

TARVISIO CENTRALE

ENDSTATION

Für Tarvisio Centrale ist der Zug abgefahren. Der Grenzbahnhof ohne Anschluss ist seit der Jahrtausendwende dem Verfall preisgegeben. Wo einst Luxuszüge haltgemacht haben, kommen heute nur mehr Radfahrer vorbei.

Wenn es stimmt, dass die Kaffeemaschine das Allerheiligste einer italienischen Bar ist, dann hat man diesen Ort entweiht. Das Gerät der Marke „La San Marco" wurde brutal aufgerissen und regelrecht ausgeweidet. Ein einsames Kabel baumelt aus seinem verchromten Bauch. Wie viele schnelle „caffè" haben Reisende und Bahnmitarbeiter hier getrunken? Insgesamt werden es wohl „ein paar" Hektoliter gewesen sein, bis am 26. November 2000 endgültig Sperrstunde war. Nicht nur für die Bar in der Halle, sondern für den gesamten Grenzbahnhof Tarvisio Centrale. Er wurde geschlossen, weil die Züge nun auf einer neuen Trasse durchs Kanaltal rollen.

Schienen und Schwellen der alten Strecke sind verschwunden. „Rückgebaut", wie man es im österreichischen Amtsdeutsch nennen würde. Der Bahnhof ist, weil deutlich sperriger, geblieben. Und mit ihm ein Teil des Inventars. Was in der Bilanz der italienischen Staatsbahn längst abgeschrieben war, ließ man beim Auszug anno 2000 einfach stehen und liegen. Eine nichts besonders brillante Idee, wie wir eineinhalb Jahrzehnte danach auf den ersten Blick feststellen: Unbekannte Besucher haben eine

Spur der Verwüstung durch das verlassene Gebäude gezogen. Keine Fensterscheibe, keine Glastür ist mehr heil. Den Boden bedecken Zollpapiere, die aus Aktenordnern und Kanzleikästen gefetzt wurden. Ein Kopierer liegt – ähnlich geplündert wie die Kaffeemaschine – auf dem ehemaligen Bahnsteig 1.

Manchmal war das Material allerdings stärker als die Aggression. Der Tresor im Bahnhofspostamt hat sich keinen Millimeter bewegt, das obere Fach ist sogar noch verschlossen. Auch der Fernschreiber macht, obwohl der Fußboden des Schalterraums nicht sein Stammplatz gewesen sein dürfte, einen beinahe unversehrten Eindruck. Und der sicherste Ort des Areals hat sich ebenfalls bewährt: Die Tür zur Arrestzelle im alten Wachzimmer der Bahnhofspolizei lässt sich keinen Millimeter öffnen. Durch das vergitterte Fenster sehen wir, dass der Raum leer ist – ein Glück für den letzten Insassen, wenigstens ihn hat man mitgenommen. Im Wachzimmer selbst waren Scherzbolde oder vielleicht sogar ehemalige Einsitzende mit Schadenfreude am Werk. Ausgerechnet auf dem vormals polizeilichen Schreibtisch steht nun eine leere Flasche Wein. Ein „Doppler" – es gab offenbar etwas zum Feiern.

Noch verhältnismäßig „fit": der Fernschreiber im Postamt

Früher geschah das innerhalb dieser Mauern mit mehr Stil. Dafür bürgte schon der ursprüngliche Name der vorbeiführenden Strecke. Es war die Kronprinz-Rudolf-Bahn, kurz Rudolfsbahn. Die zunächst privat betriebene und später verstaatlichte Linie wurde in der zweiten Hälfte des 19. Jahrhunderts errichtet. Sie verband die Kaiserin-Elisabeth-Bahn (später Westbahn) über Selzthal, St. Veit, Feldkirchen und Villach mit Laibach ebenso wie mit dem damaligen Königreich Italien. Dem zu diesem Zeitpunkt noch österreichischen Tarvis kam als Kreuzung eine Schlüsselrolle zu. Hier ging es entweder links nach Laibach weiter oder geradeaus über die bis heute so genannte Pontebbana nach Udine. Dementsprechend groß war der 1873 eröffnete Bahnhof inklusive Hotel und „Restauration". In Zeitungsannoncen wurde dafür ordentlich die Werbetrommel gerührt: „Comfortabel eingerichtete Fremdenzimmer, zu jedem Zuge frische Küche, echte Getränke, mässige Preise."

Auch im Postamt wurden Akten zurückgelassen.

Auf der Strecke verkehrten Güter-, Personen- und ab 1895 auch Luxuszüge. Sie verfügten über Schlaf-, Speise- und Salonwagen und wurden hauptsächlich im Fernverkehr eingesetzt. Ohne umzusteigen konnte man mit ihnen von Wien-West nach Nizza und später nach Cannes reisen. Ab 1898 wurde die Verbindung einmal wöchentlich ab St. Petersburg geführt. Der Luxuszug quer durch Europa, in dem es ausschließlich Wagen erster Klasse gab, bekam den klingenden Namen „St. Petersburg–Wien–Nizza–Cannes Expreß". Die Fahrzeit von der damaligen russischen Hauptstadt über Tarvis bis an die Côte d'Azur betrug 64 Stunden.

Der Ausbruch des Ersten Weltkriegs bedeutete 1914 das Aus für die Luxuszüge und dennoch eine vorübergehende Aufwertung des Bahnhofs Tarvis. Weil Österreich den baldigen Kriegseintritt Italiens befürchtete, der im Mai 1915 tatsächlich erfolgen sollte, zog man tonnenweise Kohle und Wasser aus dem damaligen Grenzbahnhof Pontafel (heute Pontebba) ab. Bei einem Angriff sollte den Feinden so wenig wie möglich in die Hände fallen. „Von Tarvis wurden Dampfloks und Tender nur mehr mit der für die kurze Strecke notwendigen Kohle nach Pontafel geschickt, um dort

Die Flasche dürfte erst nach der Schließung ihren Weg auf den Schreibtisch im Wachzimmer gefunden haben.

Keine Fensterscheibe ist mehr heil.

Verschlossen, aber leer: die Arrestzelle   Die Natur erobert die Bahnsteige zurück.

randvoll beladen zu werden und so wieder zurückzufahren", erklärt uns der Kärntner ÖBB-Pressesprecher Christoph Posch in seiner „Privatfunktion" als begeisterter und belesener Eisenbahnhistoriker.

Nach dem Ersten Weltkrieg zogen die Siegermächte Österreichs Grenzen neu. Das Kanaltal sprach man Italien zu, aus Tarvis wurde Tarvisio und aus dem Bahnhof Tarvisio Centrale. Bis zur Schließung im Jahr 2000 wickelte man nun hier den Grenzverkehr ab. Dazu gehörte neben Kontrollen und Zollformalitäten vor allem das Wechseln der Loks: Züge nach Italien bekamen italienische, Züge nach Österreich österreichische. An der Bar in der Halle standen deshalb – natürlich nur in den Pausen und offiziell bei einem „caffè" – Eisenbahner aus beiden Ländern. Einen letzten Modernisierungsschub gab es 1969 mit dem Totalumbau des Bahnhofsgebäudes zu der Form, in der es jetzt verlassen herumsteht.

Warum die Schienen mittlerweile auf der anderen Talseite und dort hauptsächlich in Tunnels verlaufen, hat vor allem geologische Gründe: Auf die alte Pontebbana gingen immer wieder Murenabgänge oder Steinschläge nieder. Völlig „verkehrsfrei" ist die frühere Bahntrasse aber nicht. Teile wurden zur „Ciclovia Alpe Adria" ausgebaut, jenem Radweg also, der in Salzburg beginnt und in Grado endet. Die asphaltierte Strecke führt direkt am Lost Place Tarvisio Centrale vorbei. Von den verlassenen Gebäuden nehmen allerdings die wenigsten Radfahrer Notiz, die gen Süden strampeln. Wer den Weg kennt, freut sich schon auf die Küche von Lucia Mischkot. Die hervorragende Köchin betreibt im alten Bahnhof des 11 Kilometer entfernten Örtchens Ugovizza die beliebte „Trattoria Alla Vecchia Stazione". Ein Musterbeispiel dafür, wie – im Unterschied zu Tarvis – eine gelungene Nachnutzung aussehen kann.

AM RANDE

Auf dem Hügel östlich des ehemaligen Bahnhofs thront unübersehbar das 1909 errichtete *Denkmal* für die in den napoleonischen Kriegen in Kärnten gefallenen Soldaten. Das Monument liegt an einem *Wanderweg*, der in seinem weiteren Verlauf auf Stegen und Treppen durch die malerische Slizza-Schlucht führt. Slizza ist der slowenische Name für den Fluss Gailitz, der sich hier tief ins Gestein gegraben hat.

Ausgangspunkt für die rund eineinhalbstündige Rundwanderung ist der Parkplatz in der Via Bamberga unterhalb des Bahnhofs Tarvisio Boscoverde (dem „Nachfolger" von Tarvisio Centrale). Von dort folgt man dem Radweg nach Kranjska Gora – er verläuft hier ebenfalls entlang der alten Bahntrasse – zirka 200 Meter in nördlicher Richtung, bis eine Tafel links den Weg zum Kriegerdenkmal und zur Slizza-Schlucht weist.

Wichtig ist gutes Schuhwerk. Nach Niederschlägen sind die Holzstege noch rutschiger als sonst.

Die *Trattoria Alla Vecchia Stazione* befindet sich in Ugovizza direkt am Ciclovia Alpe Adria, ist aber auch mit dem Auto erreichbar (Via Stazione). Küche von 12 bis 19 Uhr, Mittwoch Ruhetag.

LOST PLACE

→ Der verlassene Bahnhof Tarvisio Centrale liegt zwischen der Staatsgrenze und Tarvis direkt an den Staatsstraße SS13 beziehungsweise, wenn man mit dem Fahrrad kommt, unmittelbar an der Ciclovia Alpe Adria. Das Betreten des Gebäudes ist verboten. Einblicke sind aber von den nicht abgesperrten ehemaligen Bahnsteigen möglich, die sich auf der Ostseite des Areals befinden.

→ Weitere Informationen über den Radweg: www.alpe-adria-radweg.com

CAVE DEL PREDIL

U-BAHN IN DEN KRIEG

Tief unter dem Predilpass verbindet ein
fünf Kilometer langer Stollen Italien und Slowenien.
Gebaut und als geheime unterirdische Verkehrsverbindung
genutzt haben ihn aber einst Österreicher.

Neubauten sucht man in Cave del Predil vergeblich. Das Straßenbild prägen Industrieruinen und Wohnhäuser, die unübersehbar in die Jahre gekommen sind. Viele stehen leer. Noch mehr stehen zum Verkauf. Der Ort im Val del Rio del Lago (ursprünglich: Seebachtal) südlich von Tarvis ist, höflich formuliert, das Gegenteil von urban. Und doch hat es in Cave del Predil einst eine Art U-Bahn gegeben.

Wie Aufstieg und Fall des Dorfes hat dieser Umstand mit dem Bergbau zu tun, der nachweislich seit dem 14. Jahrhundert in der Gegend betrieben wurde. Bis das Gebiet zusammen mit dem Kanaltal 1918 Italien zugesprochen wurde, hieß die Siedlung Raibl. Unbestätigten Überlieferungen zufolge hat man sie nach einem der ersten hier tätigen Mineraliensucher, einem gewissen Herrn Rabl, benannt. Tatsache ist, dass er und seine „Nachfolger" in den Stollen, die sie ins Gestein trieben, haufenweise fündig wurden. Raibl zählte rasch zu den bedeutendsten Bleibergwerken im gesamten Alpenraum.

Unterwegs in alten Stollen

Maschinenraum in der Tiefe des Bergwerks

1905 nahm man ein ehrgeiziges Projekt in Angriff. Zur Entwässerung der tiefsten Gruben wurde der 5 Kilometer lange Kaiser-Franz-Josef-Hilfsstollen gebaut. Er unterquerte, ausgehend vom Bergwerk in Raibl, den 1156 Meter hohen Predilpass und endete in Unterbreth, das heute Log pod Mangartom heißt und in Slowenien liegt. Ab 1915 wurde diese unterirdische Verbindung zu einer Hauptverkehrsader des Ersten Weltkriegs. Die Österreicher erweiterten den Stollen, verlegten Schienen und setzten eine elektrische (U-)Bahn drauf. Fast 600 000 Soldaten der kaiserlichen Armee brachte man auf diesem Weg bis einschließlich 1917 von Raibl auf die andere Bergseite, die an die heftig umkämpfte Isonzofront grenzte.

1918 begann die zivile Nutzung des Stollens. Im nun italienischen Bergwerk arbeiteten Dutzende Männer aus dem nun jugoslawischen Log pod Mangartom. Sie kurvten natürlich nicht über den Pass nach Cave del Predil, sondern fuhren einfach mit der betriebseigenen U-Bahn unten durch. Auch ihre Ehefrauen und Kinder nutzten die Verbindung, wenn sie zum Beispiel den Betriebsarzt aufsuchen mussten. Und der hatte vor allem Mitte des 20. Jahrhunderts ordentlich zu tun: In den 1950er-Jahren waren im Bergwerk mehr als 1 100 Menschen beschäftigt. Langsam, aber konsequent kamen dann wirtschaftliche Probleme auf. Die Mine wurde wegen der weltweit sinkenden Rohstoffpreise immer unrentabler und 1991 – trotz erbitterter Proteste der letzten 140 Beschäftigten – geschlossen.

Zurück blieb ein gigantisches Stollensystem. Es ist etwa 120 Kilometer lang und auf 19 Sohlen (so nennt man im Bergbau halbwegs horizontale Ebenen) mit einem enormen Höhenunterschied verteilt. Der tiefste Gang im Berg verläuft mehr als 450 Meter unter dem Ort, der höchste mehr als 480 Meter über der Talsohle. Ein vergleichsweise klitzekleiner Teil kann als Schaubergwerk im Rahmen von Führungen besichtigt werden. Das schafft jeder. Mario und Tiziano, unsere Freunde aus dem Kanaltal, haben deshalb eine Gruppe ehemaliger Bergarbeiter organisiert, die uns abseits der „öffentlichen" Pfade durch das unterirdische Labyrinth führen soll.

Der legendäre Kaiser-Franz-Josef-Hilfsstollen steht allerdings nicht auf dem Programm. Er kann zwar bis Log pod Mangartom problemlos begangen werden (U-Bahn fährt natürlich keine mehr), allerdings ist dafür eine eigene, pro Kopf 700 Euro teure Versicherung notwendig. Wir fragen nicht genauer nach und begnügen uns mit der Begründung unserer italienischen Freunde, die allein aufgrund ihrer Herkunft frei von Vorurteilen sein sollten: „Typisch italienisch!" Dasselbe bekommen wir ein paar Minuten später zu hören. Dem Fotografen ist aufgefallen, dass in den feuchten Stollen alle 100 bis 150 Meter ein Feuerlöscher hängt. „Es tropft aus allen Ecken. Was soll denn da brennen?", fragt er fröhlich. Unsere Guides antworten: „Die Feuerlöscher sind Vorschrift." Nachsatz: „Typisch italienisch!"

Im Bergwerk herrscht eine konstante Temperatur von 6 bis 8 Grad ...

... bei einer extrem hohen Luftfeuchtigkeit.

Man führt uns in eine Sackgasse. Der Stollen geht zwar weiter, ist aber durch ein Gitter versperrt. Und das nicht aus bloßen Versicherungs-, sondern aus echten Sicherheitsgründen. Der Gang führt in einen Teil der Grube, der nach routinemäßigen Sprengungen am 8. Jänner 1910 eingestürzt ist. Mit fatalen Folgen: Der dadurch entstandene Krater „verschluckte"

In diesem unterirdischen Raum waren Sprengstoff und Zünder gelagert.
Um sie trocken zu halten, wurde er mit Holz ausgekleidet.

Ein Denkmal in Cave del Predil erinnert an die Opfer des Unglücks von 1910.

Gespenstisch einsame Montur in der Kleiderkaue

das Krankenhaus von Raibl. Von den 8 Menschen, die sich zu diesem Zeitpunkt im Gebäude befanden, überlebte die Katastrophe nur der damals 14-jährige Schlosserlehrling Ernst Bierkopf. Er berichtete später von einem sonderbaren Knistern und Ächzen. „Ich drehte mich um und sah, wie sich der Verputz über dem Herd löste. Im nächsten Moment krachte es ohrenbetäubend und vor meinen Augen spaltete sich die Mauer so weit, dass man hätte hindurchgehen können", wird Bierkopf in einem Zeitungsbericht zitiert.

Wir verlassen die Mine. Die alten Bergmänner führen uns in ihr Vereinslokal, das gleichzeitig ein kleines Museum ist. Es befindet sich in einem ehemaligen Betriebsgebäude. Hier haben sich die Arbeiter früher umgezogen. Raus aus dem Alltag, rein in die wasserabweisende und nie restlos saubere Spezialkleidung. Zum Trocknen kam sie nach jeder Schicht in die sogenannte Kleiderkaue, einen platzsparenden, an der Decke hängenden Riesenschrank. Über unseren Köpfen baumelt gespenstisch eine einsame Montur. Keine teure Kunstinstallation könnte den Niedergang von Cave del Predil treffender und beklemmender symbolisieren.

1968 lebten 2 100 Menschen im Ort. Heute sind es noch knapp 400. Touristen kennen den Lost Place, wenn überhaupt, nur von der Durchreise.

Sie zieht es zum idyllischen Raibler See (Lago del Predil) oder auf den Predilpass. Die alten Bergmänner haben sich damit abgefunden. Von ihrer U-Bahn träumen sie schon lange nicht mehr. Ihnen würde ein Reisebus genügen, der vor dem kleinen Schaubergwerk hält.

AM RANDE

Direkt an der Straße über den Predilpass (SS54) befindet sich unmittelbar vor der Grenze auf italienischer Seite ein militärischer Lost Place. Die von der österreichisch-ungarischen Armee Ende des 19. Jahrhunderts errichtete *Batteriestellung* ist recht gut erhalten und - mit entsprechend vorsichtigen Schritten - frei zugänglich. Taschenlampe mitnehmen! Das gilt auch für einen Blick in die vergleichsweise nicht ganz so spektakulären Reste des ebenfalls österreichisch-ungarischen *Raibler Seeforts*.

Um zu dieser Befestigungsanlage zu gelangen, muss man direkt am See die Abzweigung nach Sella Nevea nehmen (SP76).

Auf der slowenischen Seite des Predil-Passes können Ruinen einer weiteren Befestigungsanlage aus der Zeit der Donaumonarchie besichtigt werden. Ein monumentales *Denkmal* erinnert an österreichische Helden, die gegen Napoleon gekämpft haben.

LOST PLACES

→ Im Zentrum von Cave del Predil gibt es neben dem Schaubergwerk *(Parco Internazionale geominerario del Raibl)* zwei gut ausgeschilderte Museen: Das *Museo storico militare Alpi Giulie* erzählt die Geschichte der Kämpfe in der Region von den napoleonischen Kriegen bis zum Zweiten Weltkrieg, während das *Mineria Lab* ausschließlich dem Bergbau gewidmet ist. Alle drei Einrichtungen sind von Anfang Mai bis Ende September täglich von 9.30 bis 13 und von 14.30 bis 18.30 Uhr geöffnet. Das Schaubergwerk kann nur im Rahmen von Führungen besichtigt werden. Vor allem Besucher, die nicht fließend Italienisch sprechen, sollten sich ankündigen, indem sie ihre Tickets vorab reservieren. Das ist über die Kontaktdaten auf der gemeinsamen Internetseite der Institutionen möglich: *www.polomusealecave.coop*

→ An das Unglück von 1910 erinnert ein *Denkmal* in der Via delle Miniere in Cave del Predil. Es steht genau dort, wo das Krankenhaus in die Tiefe gerissen wurde.

→ Auf der heute slowenischen Seite kann man einen Blick in den verschlossenen *Kaiser-Franz-Josef-Hilfsstollen* werfen. Er befindet sich südlich von Log pod Mangartom und ist „indirekt" beschildert: Auf der Straße nach Bovec steht nach dem Friedhof rechts eine kleine Kapelle, davor ein Hunt. Wer hier rechts abbiegt, kommt direkt zum Stollen, vor dem eine kleine Open-Air-Ausstellung über die Ereignisse im Ersten Weltkrieg und den Bergbau informiert.

KARAWANKENBAHNTUNNEL

DIE VERGESSENEN SEELEN

Was blieb von der Jahrhundertbaustelle auf der Kärntner Seite
des Karawankenbahntunnels? Der Friedhof ist verschwunden,
die Kapelle zerschossen und im alten Krankenhaus
hat der Teufel Einzug gehalten.

Es heißt, dass man den Teufel nicht an die Wand malen soll. Aber was, wenn doch? Vor uns hängt er an der Wand, in gleich zweifacher Ausfertigung, und spielt gegen sich selbst Karten. „Ist der da schuld?", frage ich Peter Knes und zeige auf das Bild. Der Hausbesitzer schüttelt belustigt den Kopf: „Die Bude ist einfach alt." So kann man es natürlich auch sagen. Aber schöner klingt: Das Gebäude hat eine bewegte Geschichte.

Das verlassene Haus ist Überbleibsel einer Großbaustelle der Donaumonarchie. Es wurde als Krankenhaus für die Männer errichtet, die wenige Hundert Meter entfernt zwischen 1901 und 1906 den Karawankenbahntunnel bauten. Sie hatten einen gefährlichen Job. Immer wieder gab es Steinschläge oder Wassereinbrüche, manchmal mit tödlichen Folgen, obwohl das Spital gleich ums Eck war. Die Verunglückten wurden auf einem eigens angelegten Friedhof beerdigt, er befand sich auf der Anhöhe hinter dem Krankenhaus. 1903 errichtete man dort eine Kapelle.

Allein auf Kärntner Seite arbeiteten mehr als 2 000 Menschen auf der Jahrhundertbaustelle. Sie kamen aus ganz Europa und wurden, vorsichtig formuliert, von der einheimischen Bevölkerung nicht immer willkommen

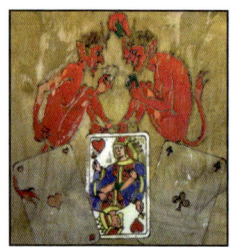

Das Gasthaus ist längst geschlossen, aber vor dem Glücksspiel wird weiterhin gewarnt.

geheißen. Außerdem berichten Chroniken aus der Zeit, dass die Fremden, vom Volksmund „Baraber" genannt, durch ihre „Wesensart" das bisher ruhige Dorfleben „beeinflussten". Mit schlimmen Folgen: „Die Moral der Einheimischen sank, was man verdiente, verbrauchte man wieder, viele verfielen der Trunksucht."

Nach der Eröffnung 1906 wurde es – wahrscheinlich auch zur Freude mehrerer Chronisten – vorübergehend ruhig um den 7,9 Kilometer langen Karawankenbahntunnel, wenn man von den Zügen absieht, die zwischen Rosenbach und Aßling (heute: Jesenice) immer öfter durchrauschten. Bis zum Ende des Ersten Weltkriegs war das eine innerösterreichische Verbindung, danach standen sich hier plötzlich zwei Staaten mit überschneidenden Gebietsansprüchen gegenüber. Am 25. November 1918 drangen 400 Soldaten des späteren Königreichs der Serben, Kroaten und Slowenen (SHS-Staat) durch den Tunnel nach Kärnten ein und besetzten das obere Rosental bis zum Südufer der Drau.

Kärnten startete mit freiwilligen Verbänden eine Gegenoffensive: den sogenannten Abwehrkampf. Zu heftigen Gefechten kam es vor allem um Arnoldstein, Ferlach und den Karawankenbahntunnel, der am 4. Mai 1919 wieder von den Kärntnern eingenommen werden konnte. Vorher rangen die Gegner um jeden Meter. Sie kämpften auch auf dem Areal des Friedhofs für die verstorbenen Tunnelarbeiter oberhalb des inzwischen aufgelösten Krankenhauses. Die Kapelle wurde dabei schwer beschädigt und danach nie mehr wieder aufgebaut.

Allein auf der Kärntner Seite des Tunnels waren mehr als 2 000 Arbeiter im Einsatz.

Das Kranken- und spätere Gasthaus in einer alten Ansicht

Das Gebäude heute: unbewohnt und „schwer vermittelbar"

Es sollte fast 100 Jahre dauern, bis dieser Lost Place wieder ins öffentliche Interesse rückte. 2016 wurden die Mauern der Ruine konserviert, um sie vor einem weiteren Verfall zu bewahren. Vom Friedhof fehlte zu diesem Zeitpunkt bereits jede Spur – die Natur hat die Gräber zurückerobert. Weil es nur schlichte und mittlerweile längst verrottete Holzkreuze gab, lässt sich die Lage der Gräber nicht mehr feststellen. „Wir wissen, dass der Friedhof zweigeteilt war: in einen Bereich für die Katholiken und einen für die Toten anderer Konfessionen", erklärt uns Grundbesitzer Peter Janežič. Von ihm und seinem Vater Franz Janežič, der 2014 in unmittelbarer Nähe der Kapelle bei Forstarbeiten tödlich verunglückte, ist die Initiative zur Konservierung derselben ausgegangen.

Unterstützt wurden sie vor allem vom Bundesdenkmalamt, das besonderen Wert darauf gelegt hat, den „Ruinencharakter" zu erhalten. Die Mauern sollen auch ein Denkmal für den Frieden sein. Das ist gelungen, wie wir an Details feststellen: In einigen Einschusslöchern, die aus den 1919 geführten Kämpfen stammen, stecken tatsächlich noch die Projektile. Im Inneren der Kapelle hat man eine Gedenktafel angebracht. Sie erinnert zweisprachig an die 22 hier beerdigten Menschen, bei denen

1918 und 1919 tobten um den Karawankenbahntunnel heftige Kämpfe zwischen SHS-Truppen und Kärntnern.

es sich nicht nur um Tunnelarbeiter gehandelt hat, sondern auch um verstorbene Angehörige. Unter ihnen befanden sich vier Totgeborene und drei Opfer von Gewalttaten wie Messerstechereien.

Womit wir wieder beim Teufel sind, der unten im alten Krankenhaus hängt. Er gehört zur Dekoration der seit Jahren geschlossenen Jausenstation, die das Gebäude zuletzt beherbergt hat. Zuvor waren in der „Bude" mehrere Wohneinheiten untergebracht, auch Hausbesitzer Knes ist hier aufgewachsen. Er zeigt uns, wo er sich als Kind mit bunt bemalten Händen auf der Außenmauer verewigt hat. Um das leer stehende Haus kümmert er sich, so gut er kann. Käufer war und ist keiner in Sicht. Es liegt nicht nur am Alter des Gebäudes, meint Knes und fasst dann die Geschichte von Tunnel, Krankenhaus und Friedhof mit einem Satz zusammen: „Mir persönlich ist es da zu kalt."

LOST PLACE

→ Die Kapellenruine ist frei zugänglich. Man erreicht sie, wenn man von der Rosenbacher Straße (L56) beim Schloss unterhalb des Bahnhofs Richtung Bahntunnel abbiegt. Nach etwas mehr als einem Kilometer zweigt auf Höhe des Hauses Rosenbach 73 ein Forstweg links von der Straße ab. Wenn man ihm zu Fuß folgt (Fahrverbot) und sich bei der Weggabelung rechts hält, ist man in zirka 15 Minuten bei der Kapelle. Wer das Tunnelportal sehen will, fährt auf der Straße einfach bis zum Ende weiter.

ALTE LOIBLSTRASSE

FILMREIFER ABGANG

Stille statt Stau, Atemholen statt Autokolonne:
Die alte Loiblstraße darf seit 1964 nur mehr von
Wanderern und Mountainbikern genutzt werden.

Ausgerechnet der wahrscheinlich schönste Kärntner Grenzübergang ist gleichzeitig einer der einsamsten, weil er nur mehr zu Fuß oder mit dem Mountainbike passiert werden kann. Autos um- und unterfahren den alten Loiblpass seit 1964 durch den Tunnel. Vom aktiven Dienst verabschiedet hat sich die historische Straße medienwirksam: mit einem großen Auftritt im britischen Kinofilm „Der gelbe Rolls-Royce".

In dem Episodenfilm geht es – wenig überraschend – um einen gelben Rolls-Royce und die Menschen, die ihn gerade fahren. Auf der alten Loiblstraße ist das Weltstar Ingrid Bergman. Die schwedische Oscar-Preisträgerin verkörpert eine reiche amerikanische Witwe, die einen jugoslawischen Partisanen, der von Omar Sharif gespielt wird, im Kofferraum des Autos in dessen Heimatland schmuggelt. Bei der Grenzkontrolle droht alles aufzufliegen, schließlich geht die Aktion doch noch gut aus. Die weitere Handlung des Films (und da zitieren wir jetzt Klaus Pertl, den Leiter des Klagenfurter Kinomuseums): schwere Kost.

Zu Kulissen-Ehren kam die alte Loiblstraße 1964 wegen des beeindruckenden Bergpanoramas und der Obelisken. Die monumentalen

Ein Bunker auf der slowenischen Seite der alten Loiblstraße

Auch die „Leitschienen" sind in die Jahre gekommen.

Grenzsteine auf der Passhöhe wurden 1728 von den Krainer Landständen als Erinnerung an die Durchreise von Kaiser Karl VI. errichtet. Von ihm wird erzählt, dass er sich in der Gegend damals mit den Einheimischen unterhalten wollte. Sie sprachen jedoch nur Windisch, ihren slowenischen Dialekt. Man schickte den Kaiser und sein Gefolge deshalb zum damals kleinen Gasthof Katruschnig auf der Kärntner Seite des Loibls, dessen Wirt Peter Tschauggo als Einziger fließend Deutsch sprach. Karl VI. unterhielt sich erfreut mit ihm, nannte Tschauggo am Ende „Deutscher Peter" und erlaubte ihm, diesen Beinamen an seine Nachfahren weiterzugeben. Seither heißt das Gasthaus „Deutscher Peter".

Hüttenwirte mit Humor: Ljubelj – Loibl.

Nicht nur Sprachbarrieren wollen die Betreiber der Hütte überwinden, die sich im alten Zollhaus auf der slowenischen Seite der Passhöhe in 1369 Meter Seehöhe befindet. Sie nennen sie deshalb „Haus der Begegnung". Wir haben leider einen Ruhetag erwischt, stellen aber fest, dass die Wirtsleute Humor haben dürften. Ihr Auto (das einzige, das herauffahren darf) hat ein Fantasiekennzeichen: „LJ" für Ljubljana, danach die Buchstabenkombination „UBELJ", was zusammen Ljubelj ergibt, das slowenische Wort für Loibl. Dass sie regelmäßig mit dem Wagen heraufkurven müssen, dürfte übrigens der Grund sein, warum die alte Straße auf slowenischer Seite in einem so viel besseren Zustand als auf der österreichischen ist.

„Da hat sich seit den Römern nicht viel getan", knurrt der Fotograf und übertreibt damit natürlich. Was den ungefähren Streckenverlauf betrifft,

Die Loibl-Szenen in „Der gelbe Rolls-Royce". Der Film mit Ingrid Bergman und Omar Sharif wurde 1964 gedreht.

hat er allerdings recht: Die Römer haben sich, wie archäologische Funde belegen, tatsächlich in diesem Bereich über die Karawanken geschleppt. Mit dem Untergang ihres Reichs verlor die Strecke an Bedeutung, wurde aber auf alten Saumpfaden weiter genutzt. Einen ersten Ausbau gab es ab 1560 durch die Kärntner Landstände, die wirtschaftlich großes Interesse an einer günstigen Verbindung zum Hafen in Triest hatten.

Seit dem 18. Jahrhundert ist das Hospiz Alt St. Leonhard dem Verfall preisgegeben.

Zurück geht's für uns auf der Kärntner Seite, wo der Weg an einer ebenso schönen wie beeindruckenden Ruine vorbeiführt: Alt St. Leonhard. Unmittelbar neben der Straße befand sich hier schon um 1200 eine Kirche. Sie wurde vom Zisterzienserstift Viktring um ein Hospiz erweitert, in dem Reisende Schutz suchen konnten. Von der Anlage sind noch einige Grundmauern und sogar ein eingestürztes Gewölbe zu sehen. Das Hospiz bestand bis ins 18. Jahrhundert, das später durch die Kirche Neu St. Leonhard im Tal ersetzte alte Gotteshaus bis Mitte des 19. Jahrhunderts.

Dass „Reisende" in dieser Gegend mittlerweile Selbstversorger sind, beweisen einige leere Bierdosen. Dem Verrostungsgrad nach könnten sie Ingrid Bergman und Omar Sharif 1964 aus dem gelben Rolls-Royce geworfen haben. Aber das schließen wir aus, denn die hatten noch Stil.

LOST PLACE

→ Die alte Loiblstraße kann man sowohl von Kärnten als auch von Slowenien hinaufmarschieren, auf slowenischer Seite gibt es direkt an der neuen Straße aber mehr Parkplätze (gleich nach dem Tunnel links). Die Wanderung auf die Passhöhe und zurück dauert in beiden Fällen zirka 3 Stunden. Im Winter wird die alte Straße auf slowenischer Seite als Rodelbahn genutzt. Die Hütte „Haus der Begegnung" ist ganzjährig von Mittwoch bis Sonntag und auch an Feiertagen geöffnet. www.stari-loibl.eu
Die Abzweigung zu den Ruinen von Alt St. Leonhard befindet sich im unteren Drittel der alten Loiblstraße auf Kärntner Seite und ist beschildert.

AM RANDE

Szenenfotos aus „Der gelbe Rolls-Royce" und zahlreichen anderen in Kärnten gedrehten Streifen sind im *Klagenfurter Kinomuseum* zu sehen. Es hat im Juli und August samstags und sonntags von 10 bis 18 Uhr geöffnet. Kinomuseum Klagenfurt, Wilsonstraße 37, 9020 Klagenfurt, www.kinogeschichte.at

Der *Loibltunnel* wurde im Zweiten Weltkrieg von Kriegsgefangenen und KZ-Häftlingen gebaut. 40 Menschen starben unmittelbar an den Folgen der harten Arbeit oder durch Steinschläge. An die Opfer der NS-Zeit erinnern auf österreichischer Seite zwei Steintafeln am Tunnelportal. In Slowenien steht ein Denkmal. Es befindet sich zirka einen Kilometer hinter der Staatsgrenze neben der Straße.

Dem Verkehr anno dazumal ist das *Technikmuseum Historama* am Fuß des Loiblpasses in Ferlach gewidmet. Auf 2 200 Quadratmetern Ausstellungsfläche sind historische Fahrzeuge aller Größen zu bewundern – bis hin zu Straßenbahngarnituren und Graf Khevenhüllers ausschließlich mit Muskelkraft betriebener Flugmaschine aus dem Jahr 1913. Geöffnet hat das Museum nur in den Sommerferien (Anf. Juli-Anf. September): Di-Fr 13-17 Uhr, Sa und So 11-17.15 Uhr.

EINZIEDLARCA, TURŠKA JAMA, TÜRKENSCHANZE

TÖDLICHES VERSTECKSPIEL

Dies- und jenseits der heutigen Grenze zu Slowenien zogen im 15. Jahrhundert plündernde türkische Reiterhorden von Dorf zu Dorf. Die Bevölkerung versteckte sich vor ihnen – nicht immer erfolgreich – in zugemauerten Höhlen.

Von den unzähligen grausigen Geschichten, die sich um die sogenannten Türkeneinfälle Ende des 15. Jahrhunderts ranken, ist jene über die Entstehung des Kufenstechens im Kärntner Gailtal wohl eine der blutrünstigsten. Der Sage zufolge soll es beherzten Einheimischen gelungen sein, einen Anführer der plündernden Osmanen gefangen zu nehmen. Sie brachten ihn nach Feistritz, wo sie den Fremden auf dem Dorfplatz an einen Pfahl banden. Dann ritten die Bauern einer nach dem anderen auf ihren Pferden im wilden Galopp auf den Mann zu, jeder mit einer Keule in der Hand. So erschlugen sie ihn am Ende gemeinsam und die Türken, die davon hörten, verließen fluchtartig die Gegend, um nicht ein ähnliches Schicksal zu erleiden.

Mittlerweile weiß man, dass das Kufenstechen einen ganz anderen Ursprung hat. Der Brauch im unteren Gailtal, bei dem bis heute Männer aus dem Ort an einem Pfahl vorbeireiten und mit Eisenkeulen auf ein verkehrt aufgehängtes Holzfass eindreschen, geht laut Forschungen des Historikers Peter Wiesflecker auf mittelalterliche Ritterspiele zurück. Die über Jahrhunderte weitererzählte und wahrscheinlich zusätzlich dramatisierte

„Schutzraum" zur Zeit der Türkeneinfälle: die Turška jama bei Jesenice

Geschichte vom erschlagenen Gefangenen hat dennoch einen kleinen wahren Kern. Sie ist ein Beispiel dafür, wie groß die Angst vor den Türken war. Um das Trauma zu bekämpfen, musste eine Heldensage her.

Solche Märchen finden sich auch in der offiziellen Geschichtsschreibung des ausgehenden Mittelalters. Meist wurden sie von Adeligen in Auftrag gegeben, um die Biografie des eigenen Stammbaums zu „pimpen". Erst im 20. Jahrhundert haben Historiker durch mühsame Faktenchecks herausgefiltert, was tatsächlich passiert ist. Übrig bleiben – bei der Bedrohung wurde ebenfalls gerne übertrieben – immerhin noch fünf Türkeneinfälle in Kärnten und in der heute slowenischen Region Krain zwischen 1473 und 1483. Es handelte sich dabei um keine Eroberungsfeldzüge im klassischen Sinn, sondern um Überfälle mit einem, wie man es im 21. Jahrhundert nennen würde, terroristischen Hintergrund. Das Osmanische Reich hatte sich damals gerade Teile des Balkans einverleibt und verbreitete, um seine Position langfristig zu festigen, mit kleineren Raubzügen über die Grenzen hinaus bewusst Furcht und Schrecken.

Die Taktik ging auf. Ihr brutales Vorgehen und ihre Geländegängigkeit brachten den türkischen Reiterscharen rasch den Beinamen „Renner und Brenner" ein. Was ihnen an Vorräten oder Wertgegenständen in die Hände „fiel", wurde geplündert. Wer sich ihnen in den Weg stellte, wurde niedergemetzelt oder versklavt. Die Mehrheit der Bevölkerung war den Osmanen – und da lügen die Sagen nicht – hilflos ausgeliefert. Der Adel hatte sich hinter den Mauern seiner mächtigen Burgen verschanzt, die von den mit Speeren, Säbeln und Bogen bewaffneten Räubern nicht angegriffen wurden. Befestigte Gotteshäuser, sogenannte Wehrkirchen, boten nur zum Teil Schutz. Manchmal gingen sie ebenfalls in Flammen auf.

Weil Not erfinderisch macht, begannen die Bauern mit dem Bau eigener „Schutzräume". Man wählte dafür Höhlen, die in der Nähe der Dörfer, jedoch immer abseits bekannter Wege lagen. Ihre Spur hat sich im Lauf der Jahrhunderte verloren – mit ein paar Ausnahmen wie dem „Schutzraum" im 725 Meter hohen Tabor, einer Anhöhe östlich des Faaker Sees. Grundbesitzer Hansi Mikl führt uns zu dem Versteck. Der Landwirt und Touristiker hat sich intensiv mit der Geschichte der Gegend auseinandergesetzt. Lange vor den Türkeneinfällen sollen in der Höhle der Überlieferung nach „weiße weise Frauen" gelebt haben, denen Mikl attestiert, dass sie zu Recht einen guten Ruf hatten: „Sie waren heidnische Priesterinnen, die für die einfachen Menschen sorgten, indem sie zum Beispiel den Lauf der Gestirne deuteten oder Kranken mit ihrem Wissen um die heilende Kraft der Kräuter halfen. In der slowenischen Mundart wird der Ort deshalb bis heute Einziedlarca genannt: die Einsiedlerin."

Die nach Süden ausgerichtete Höhle beziehungsweise Halbhöhle (so werden Löcher dieser Art bezeichnet, die schon nach wenigen Metern enden) ist tatsächlich ein perfekter Platz – für die „Ordination" einer Druidin ebenso wie für eine kleine Fluchtburg. Sogar eine Quelle sprudelt hier. Als die Türken im Sommer 1478 plündernd durch die Gegend zogen, flüchteten die Bewohner des

Die Turška jama von außen. Zu ihr führt ein Wanderweg.

In der Türkenhöhle im Tabor sprudelt eine Quelle. Die Mauer wurde abgetragen, man benutzte die Steine als Baumaterial.

nahen Dorfes Petschnitzen „mit ihrer besten Habe und dem Vieh", wie es in verschiedenen Chroniken heißt, in den Unterschlupf. Die Höhle war damals zugemauert und mit einer Eisentür versehen. Den armen Menschen, die sich darin verschanzt hatten, half das leider wenig. Sie wurden von den Osmanen entdeckt und im wahrsten Sinn des Wortes „ausgeräuchert".

Vom „Schutzraum" sind nur bescheidene Reste erhalten geblieben. „Neben der natürlichen Erosion hat vor allem die Bautätigkeit meines Großvaters an den Felsen genagt", gibt Mikl zu. Große Mengen des Konglomeratgesteins wurden in den 1920er-Jahren aus der Wand gesprengt, weil die Bauern der Umgebung preiswertes Baumaterial brauchten. Um zu erfahren, wie die Einziedlarca zur Zeit der Türkeneinfälle ausgesehen haben könnte, muss man von Petschnitzen zirka 30 Minuten mit dem Auto Richtung Süden fahren – durch den Karawankentunnel nach Slowenien. Südöstlich von Jesenice gibt es noch ein halbwegs unversehrtes Versteck aus der Zeit der Türkeneinfälle.

Auf Slowenisch nennt man es Turška jama (Türkenhöhle). Das Loch, ebenfalls eine Halbhöhle, liegt in 835 Meter Seehöhe und strategisch äußerst günstig. Aus den Öffnungen der Mauer, die hier weitgehend erhalten geblieben ist, kann man das ganze Tal bis zum Bleder See überblicken. Der einzige Zugang führt durch steiles Gelände und war ebenso gut wie einfach zu verteidigen. Hier soll sich die Bevölkerung im 15. Jahrhundert vor den osmanischen Plünderern erfolgreicher als am Faaker See versteckt haben. Heute ist die Turška jama durch einen befestigten Wanderweg erschlossen und eine kleine Touristenattraktion. 2016 wurden im hinteren

Bereich der rund 18 Meter breiten Halbhöhle archäologische Grabungen durchgeführt. Ergebnisse konnten wir nicht in Erfahrung bringen.

Eine andere und im Alpen-Adria-Raum einzigartige Variante, um sich vor den Reiterhorden zu schützen, wählte man im Südkärntner Bad Eisenkappel. Bauern und Dorfbewohner errichteten – ohne Hilfe von Adel oder Kirche – eine spektakuläre Befestigungsanlage: An der engsten Stelle des Vellachtals riegelten sie den Zugang zu ihrem Ort mit Mauern und Wachtürmen ab. Im Endeffekt verfehlte die Türkenschanze genannte Talsperre allerdings ihren Zweck. 1473 griffen die „Renner und Brenner" nicht von Norden an, wo der Ort durch das Bauwerk geschützt war, sondern von Süden. Bad Eisenkappel wurde in Schutt und Asche gelegt. Andere hätten einen so fatalen strategischen Irrtum unter den Teppich gekehrt, aber in dieser Gegend bekennt man sich dazu: Die auf den Felsen links und rechts der heutigen Bundesstraße erhalten gebliebenen Mauern und Türme der Türkenschanze stehen unter Denkmalschutz. Damit sie sichtbar bleiben, lässt die Marktgemeinde Bäume und Gestrüpp regelmäßig schneiden. Man überlegt sogar, die historische Anlage in der Nacht zu beleuchten.

Die Mauer der Türkenschanze verschloss einst das Vellachtal vor Bad Eisenkappel.

Im ausgehenden und angeblich finsteren Mittelalter war die öffentliche Hand nicht so bemüht. Bis auf Sondersteuern, die man dem Volk wegen der Bedrohung abpresste, blieb die Obrigkeit untätig. Militärisch stellten sich den Osmanen in all den Jahren nur rebellierende Kärntner Bauern entgegen, die genug von ihren Herren auf der einen und den türkischen Plünderern auf der anderen Seite hatten: 1478 mobilisierten die Aufständischen rund 3 000 Bewaffnete, die sich den über das Kanaltal erneut ins Land eindringenden Reiterhorden bei Goggau (heute Coccau) entgegenstellen sollten. Vor der Schlacht verließ die meisten Freiwilligen jedoch der Mut. Sie flüchteten. Die 600 unerschrockenen Bauern und Bergarbeiter, die geblieben waren, wurden wenige Stunden später von den Soldaten des Sultans überrannt.

Nur wenige Rebellen überlebten. Um sie „kümmerten" sich später die heimischen Behörden. Der Bauer Peter Wunderlich, der den Aufstand angeführt hatte, wurde durch Vierteilen hingerichtet. Nach dem tragischen Helden sind heute Straßen in Klagenfurt und Spittal/Drau benannt.

AM RANDE

Das bis heute spektakuläre, aber natürlich längst nicht mehr blutrünstige *Kufenstechen* findet alljährlich im Rahmen des Kirchtags in Feistritz / Gail statt, der immer am Pfingstmontag gefeiert wird. *www.burschenschaft-feistritz-gail.at*

In Bad Eisenkappel empfehlen wir einen Besuch der beeindruckenden *Obir-Tropfsteinhöhlen*, die von Mitte April bis Mitte Oktober im Rahmen von Führungen besichtigt werden können. Besucher brauchen warme Kleidung - im Berg hat es unabhängig von der Außentemperatur konstant 8 Grad - und gutes Schuhwerk. Die Zufahrt mit Privatautos ist nicht möglich. Zwischen dem Kartenbüro in Eisenkappel und dem Höhleneingang verkehren Shuttlebusse, über die Abfahrtszeiten kann man sich im Internet informieren. Um Wartezeiten zu vermeiden, sollte man vor allem bei Schlechtwetter die Karten vorab reservieren. Obir-Tropfsteinhöhlen, Hauptplatz 7, 9135 Bad Eisenkappel, *www.hoehlen.at*

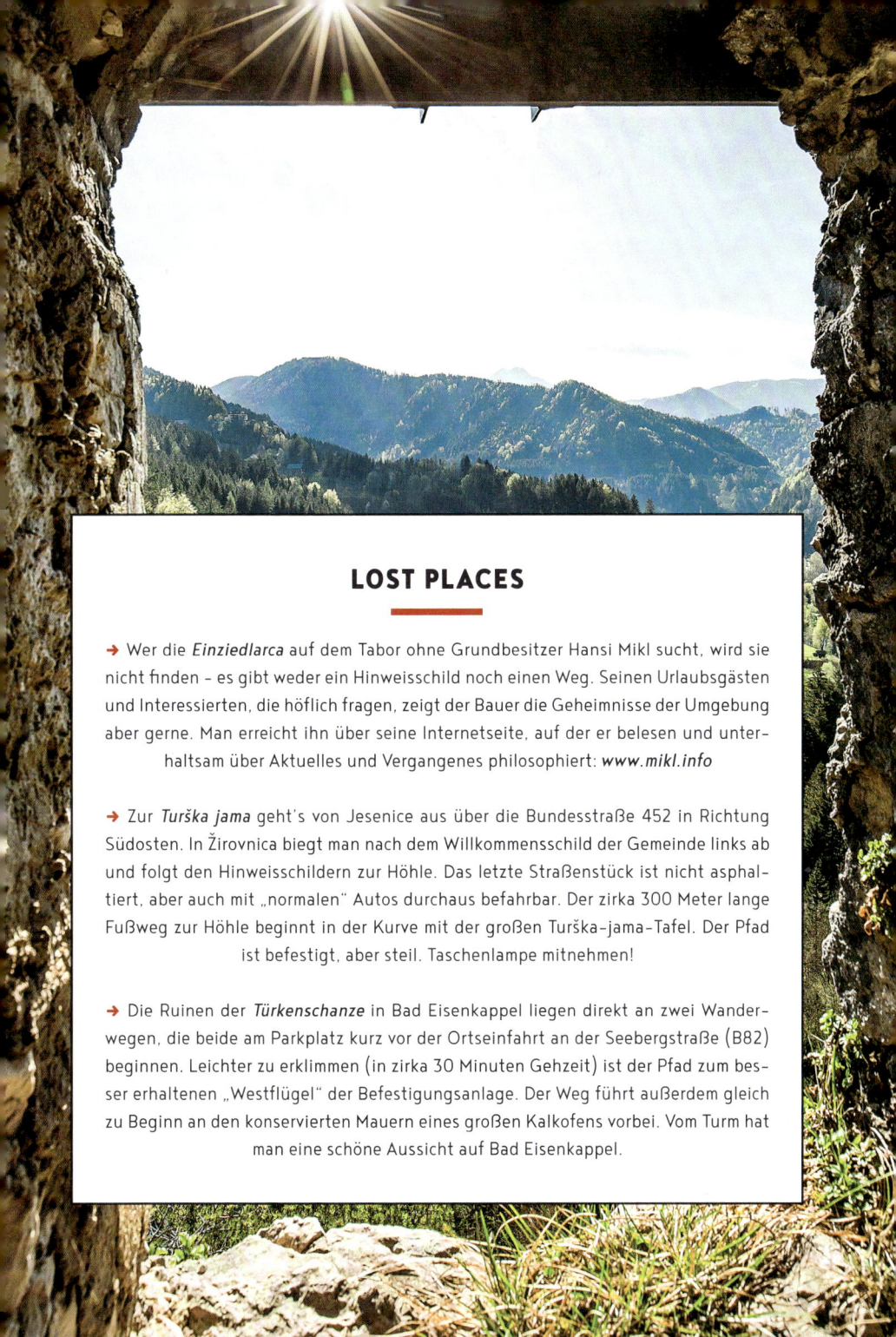

LOST PLACES

→ Wer die *Einziedlarca* auf dem Tabor ohne Grundbesitzer Hansi Mikl sucht, wird sie nicht finden – es gibt weder ein Hinweisschild noch einen Weg. Seinen Urlaubsgästen und Interessierten, die höflich fragen, zeigt der Bauer die Geheimnisse der Umgebung aber gerne. Man erreicht ihn über seine Internetseite, auf der er belesen und unterhaltsam über Aktuelles und Vergangenes philosophiert: *www.mikl.info*

→ Zur *Turška jama* geht's von Jesenice aus über die Bundesstraße 452 in Richtung Südosten. In Žirovnica biegt man nach dem Willkommensschild der Gemeinde links ab und folgt den Hinweisschildern zur Höhle. Das letzte Straßenstück ist nicht asphaltiert, aber auch mit „normalen" Autos durchaus befahrbar. Der zirka 300 Meter lange Fußweg zur Höhle beginnt in der Kurve mit der großen Turška-jama-Tafel. Der Pfad ist befestigt, aber steil. Taschenlampe mitnehmen!

→ Die Ruinen der *Türkenschanze* in Bad Eisenkappel liegen direkt an zwei Wanderwegen, die beide am Parkplatz kurz vor der Ortseinfahrt an der Seebergstraße (B82) beginnen. Leichter zu erklimmen (in zirka 30 Minuten Gehzeit) ist der Pfad zum besser erhaltenen „Westflügel" der Befestigungsanlage. Der Weg führt außerdem gleich zu Beginn an den konservierten Mauern eines großen Kalkofens vorbei. Vom Turm hat man eine schöne Aussicht auf Bad Eisenkappel.

Schloss Waldenstein im Lavanttal. Im Arkadengang stützen sechs Säulen ein klassisches Kreuzgewölbe aus der Renaissance.

KÄRNTEN

GLASHÜTTE TSCHERNIHEIM

EIN SCHERBENHAUFEN

Geschäftiges Treiben in der Einschicht: Auf einer Lichtung in den Gailtaler Alpen stand einst ein wild rauchender Industriebetrieb. Hier hergestellte Produkte aus Glas wurden bis nach Moskau exportiert.

Spätestens jetzt wäre eine Entschuldigung fällig. Aber Shadow, der Hund der Familie Lux, kann nicht lesen. Und wir haben ohnehin schon mit einem extragroßen Edelschinkenknochen Abbitte dafür geleistet, dass er uns ausgerechnet auf diese Tour begleiten musste. Sie führte nach Tscherniheim, wo Hunden früher ein kurzes Leben beschieden war. In dem mittlerweile verschwundenen Dorf lebten und arbeiteten Glasbläser, die durch ihre harte Arbeit oft lungenkrank wurden. Schwindsucht nannte man es damals und bekämpfte die Leiden mit Hundefett. Daher soll man in dieser Gegend einst bei jedem Haus „frische" Hunde gehalten haben.

Tscherniheim – gegründet zwischen 1591 und 1624, verlassen 1879 – war die erste und letzte Glasproduktionsstätte auf heutigem Kärntner Boden. Ihr abgelegener Standort in 1163 Meter Seehöhe zwischen Weißensee und Stockenboier Graben hatte einen guten Grund: Hier waren alle wichtigen Rohstoffe vorhanden. In rauen Mengen benötigte man vor allem Holz zur Herstellung der Pottasche – 2 400 Kilo für 1 Kilo Glas oder, auf die Fläche umgerechnet, 1 Hektar Mischwald für 10 Kilo Glas. Dazu

Quarzsand von der nahen Golz-Alm und das Wasser des Tscherniheimbachs zum Betreiben der Pochwerke. Keine Grundvoraussetzung, jedoch äußerst begrüßenswert war der ständig wehende Nordwestwind. Er verblies den starken Rauch, der aus den Glasöfen, Kohlemeilern und Aschesiedereien kam, und ermöglichte gleichzeitig eine höhere Betriebstemperatur bei deren Befeuerung.

Im Katalog der Industrieausstellung anno 1838 in Klagenfurt sind Beispiele für die Vielfalt der Produkte made in Tscherniheim nachzulesen: gelbes Fensterglas (für das es bei der Veranstaltung sogar ein „Anerkennungsdiplom" gab), Flaschen in unterschiedlichen Größen, geschliffene und blaue Gläser sowie helle „Extrawein-Bouteillen". Man fertigte außerdem Vasen, Kelche, Salzfässer, Zierdosen und Luster, die ihren Weg in alle Ecken der Donaumonarchie und darüber hinaus sogar bis Moskau fanden. Von 1664 bis zur Schließung 1879 befand sich die Glashütte im Besitz der Gemeinde Hermagor, die den Betrieb, um sich nicht allzusehr darum scheren zu müssen, an Unternehmer, meist Glasermeister, verpachtete.

Wer genau schaut, wird über Scherben stolpern.

In den wirtschaftlich erfolgreichsten Jahren dürften im Dorf bis zu 90 Menschen gearbeitet und weit mehr als 100 gelebt haben. Die Glasmacher werden in verschiedenen Chroniken als „eigenes Volk" beschrieben. Sie trugen bei der Arbeit in der verrauchten und staubigen Umgebung breitkrempige Hüte als Hitzeschutz. Ihre Stimmen sollen „krächzend" gewesen sein, „weil sie mit extrem heißen und kalten Getränken den Durst löschten". Die Mühen des beinharten Jobs ertränkten die Glasmacher am Feierabend im Alkohol. Zum Anschreiben im örtlichen Wirtshaus verwendete man „Rheinische Stäbe": Jeder Gast hatte seinen eigenen im Lokal aufbewahrten Holzstab, in den pro Konsumation eine Kerbe eingeschnitten wurde.

Hund Shadow auf einer der wenigen erhalten gebliebenen Grundmauern

Neben Wirtshaus und Schule standen in Tscherniheim rund 40 Gebäude. Bis auf das renovierte Kirchlein und ein paar Mauerreste sind alle verschwunden, die meisten spurlos. Das Dorf wurde 1879 aufgegeben, weil die Produktion stillgelegt werden musste. Als Gründe dafür werden einerseits Probleme beim Bezug von Salz genannt, mit dem man die Qualität der Pottasche verbessern musste. Andererseits waren aber auch erste Umweltauflagen

Einige Brennöfen wurden ausgegraben und konserviert.

ausschlaggebend für das Aus: Um das Roden der Wälder einzuschränken, hatten die Behörden die Verwendung von Steinkohle vorgeschrieben. Nun rächte sich der anfangs ideale Standort – der Transport des massenhaft benötigten Brennstoffs in das weitab gelegene Dorf war viel zu aufwendig und zu teuer.

Einen kleinen Teil von Tscherniheim hat man bei archäologischen Untersuchungen in jüngerer Vergangenheit dem Vergessen entrissen. Einige Brennöfen wurden ausgegraben und konserviert. Daneben findet der

Fotograf eine Handvoll bunter Scherben. Wir freuen uns, obwohl uns nach dem Studium einschlägiger Fachliteratur bewusst ist, dass es sich dabei nicht gezwungenermaßen um vor Ort hergestelltes Glas handeln muss. Diese Erfahrung mussten vor uns schon die Archäologen machen, die 2012 und 2013 über die Entdeckung einer ganzen Halde voller Kärntner Scherben gejubelt hatten. Bei näherer Untersuchung entdeckten sie dann Stempel mit Aufschriften wie „Graner Bitterwasser" (Ungarn) und „Madeira Dry" (Portugal). Es war fremdes Bruchglas, das die Tscherniheimer offenbar kurz vor der Schließung der Betriebs zum „Recyceln" gekauft hatten.

AM RANDE

Wer sich für geheimnisvolle Zeichen interessiert, sollte der nahen *Hundskirche* einen Besuch abstatten. Dabei handelt es sich um kein Gotteshaus, sondern um einen 21 Meter breiten und 13 Meter hohen dreieckigen Felsen. Er diente Gläubigen zur Zeit des Geheimprotestantismus im 17. und 18. Jahrhundert als Versammlungsort und ist voller Darstellungen und Inschriften, über deren Bedeutung Forscher bis heute heftig diskutieren.

Ihren Namen hat die Hundskirche von einem in Stein gehauenen Hund auf der Ostseite des Felsens, der einen Kirchturm trägt. Das Tier könnte, so die gängigste Erklärung, für den später von den Katholiken heiliggesprochenen Petrus Canisius stehen (lat. *canis* ist der Hund). Der Jesuit war als Vorkämpfer der Gegenreformation eine Bedrohung für die evangelische Kirche, die durch den Turm dargestellt sein dürfte.

Der denkmalgeschützte Felsen befindet sich zwischen den Ortschaften Boden und Kreuzen nur wenige Meter südlich der Farchtensee-Landesstraße (L34). Platz zum Parken gibt es daneben ausreichend. Um zur Hundskirche zu gelangen, muss man den Moschbach überqueren, der aber nicht immer Wasser führt.

LOST PLACE

→ Nach Tscherniheim führt der vom „Naturpark Weissensee" angelegte *Themenweg „Dem Waldglas auf der Spur"*, den man von zwei Punkten aus angehen kann: entweder vom sogenannten Paterzipf am Weißensee, der nur mit dem Linienschiff (oder zu Fuß vom Parkplatz in Unternaggl) zu erreichen ist, und in weiterer Folge über die Hermagorer Alm oder etwas einfacher von Weißenbach an der Farchtensee-Landesstraße (L34) über die Fischeralm (bei Navis und Routenplanern die Straße eingeben, es gibt in Kärnten viele Weißenbachs). In beiden Fällen dauert die Wanderung bis Tscherniheim und zurück zum Ausgangspunkt 2 Stunden. Der Forstweg darf auch mit Mountainbikes befahren werden. Unterwegs informieren Schautafeln über die Glaserzeugung und die Geschichte des verschwunden Dorfs.
Die „Weissensee Schifffahrt" verkehrt von 1. Mai bis 9. Oktober. Ihr Fahrplan:
www.weissenseeschifffahrt.at

Das *Bezirksheimatmuseum in Spittal/Drau* besitzt die größte Sammlung noch erhaltener Erzeugnisse aus Tscherniheim und stellt diese gemeinsam mit Werkzeug aus der Glashütte in einem eigenen Schauraum aus. Öffnungszeiten: Mitte April-26. Oktober tägl. 9-18 Uhr, 27. Oktober-Mitte April Montag-Donnerstag 13-16 Uhr. Museum für Volkskultur, Schloss Porcia, Burgplatz 1, 9800 Spittal/Drau, *www.museum-spittal.com*

THERME BAD BLEIBERG

BADEN VERBOTEN

In Bad Bleiberg sprudeln pro Minute 880 Liter Thermalwasser aus dem Berg, aber danach großteils ins Leere: Das öffentliche Bad, das man aus der Heilquelle gespeist hat, ist seit 2014 geschlossen, weil das Geld für seine Sanierung fehlt.

Sympathische Politiker stehen zu ihren Jugendsünden. „Manchmal sind wir vom Dach ins Außenbecken gesprungen", erzählt Christian Hecher. „Wer erwischt worden ist, hat zwei Monate Badeverbot ausgefasst." Früher hat er es anschließend als leeres Versprechen geseufzt, heute ist es amtlich: Das wird nie mehr vorkommen. Hecher ist mittlerweile Bürgermeister der Marktgemeinde Bad Bleiberg – in einer solchen Funktion springt man nicht vom Dach ins Außenbecken. Dazu kommt ein weiteres halsbrecherisches Hindernis: Der Tatort, das örtliche Thermalbad, ist seit Februar 2014 geschlossen und trockengelegt.

Auf uns Laien macht die Anlage gar keinen maroden Eindruck. Ein paar Fliesen müssten die Bleiberger zweifellos erneuern, aber insgesamt scheint alles machbar für – wie man in Österreich sagt – ein paar gute Pfuscher. Leider ist alles nicht so einfach wie es aussieht. Der Teufel steckt im Detail. Vor allem die technischen Anlagen hinter beziehungsweise unter den Becken des fast 50 Jahre alten Bades müssten dringend saniert werden. Geschätzte Gesamtkosten: mehr als 5 Millionen Euro!

Rund 1,5 Millionen Euro wollte die nicht besonders vermögende Marktgemeinde Bad Bleiberg als Eigentümer selbst aufbringen. Für den Rest hat man über Jahre hinweg das Land um Hilfe gebeten. Doch die Politiker pumpten das Steuergeld lieber in ein Konkurrenzprojekt. Allein aus dem sogenannten Kärntner Zukunftsfonds flossen 7,5 Millionen Euro in den Neubau der Kärnten-Therme im nicht einmal 20 Kilometer entfernten Warmbad bei Villach, dessen damaliger Bürgermeister offenbar besser „vernetzt" war. Die Bleiberger gingen leer aus, während man in der Nachbargemeinde ein Fass ohne Boden füllte. Der Landesrechnungshof sollte bei der Kärnten-Therme später eine Baukostenüberschreitung von sage und schreibe 74 Prozent feststellen.

In Bad Bleiberg will man das gar nicht mehr kommentieren. „Wir haben alles versucht und werden weiterhin alles versuchen, um die Therme wieder in Betrieb zu nehmen", sagt Hecher. Potenzial wäre vorhanden: In guten Jahren haben mehr als 100 000 Tagesgäste das Bad und die Saunalandschaft besucht. Dazu kommt, dass Bleiberg mit Thermalwasser geradezu gesegnet ist. Entdeckt wurde es 1951 durch Zufall beim Abbau von Blei und Zink, der das Leben in dem manchmal unwirtlichen Hochtal ab dem 14. Jahrhundert dominierte. Weil der Wassereinbruch die Arbeiten im Bergwerk massiv behinderte und den Einsatz teurer Pumpen notwendig machte, hielt sich die Freude darüber zunächst in Grenzen.

Durch Untersuchungen stellte sich dann aber der wahre Wert dessen heraus, was seither so wild – mit 880 Litern pro Minute, um ganz genau

Mutprobe. Hier sprangen früher die Kinder vom Dach ins Wasser.

Anstellen war gestern. Heute sind alle Kabinen frei.

zu sein – aus dem Gestein sprudelt: Das 29 Grad warme Wasser, dessen Ursprung man in 3600 Meter Tiefe vermutet, enthält Spurenelemente, die den Kreislauf stärken und sich positiv bei der Behandlung von rheumatischen Erkrankungen sowie Nervenleiden auswirken. 1959 gab es dafür das offizielle Prädikat „Heilquelle" und kluge Köpfe begannen über die wirtschaftliche Nutzung nachzudenken. Es zeichnete sich zudem bereits ab, dass der örtliche Bergbau mit seinen etwa 2 000 Beschäftigten in naher Zukunft zum Erliegen kommen könnte.

1964 fasste der Gemeinderat den Beschluss, ein Thermal-, Hallen- und Freibad zu errichten. Es ging 1967 in Betrieb und wurde mit dem Heilwasser gespeist, das bis dahin nur das Mannschaftsbecken des Bergbauunternehmens gefüllt hatte. Rund um das Bad entstanden neue Hotels und 2003 das Kurzentrum, das seither mit mehr als 100 000 Nächtigungen pro Jahr der größte Tourismusbetrieb im Tal ist. Die Unternehmen sorgen bis heute dafür, dass das Heilwasser zumindest nicht zur Gänze ungenützt weggeschüttet wird. Sie haben die Gesundheits- und Wellnessbereiche ihrer Häuser an die Quelle angeschlossen. Mittlerweile zählen die Hotels zu den größten Arbeitgebern im Ort. Der zuletzt ertraglose Bergbau wurde 1993 eingestellt.

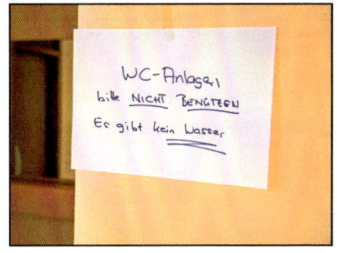

Bürgermeister Christian Hecher sucht einen Investor, um die Therme zu modernisieren und wieder in Betrieb zu nehmen

Ihren Optimismus lassen sich die Bleiberger trotz allem nicht nehmen. Es gilt, was auf dem Zettel steht, der wie zum Trotz nach wie vor an der Kassa der geschlossenen Therme hängt: Die Anlage wird „vorerst" stillgelegt und man hofft auf ein „Wiedersehen". Mit einigen Gästen gab es dieses tatsächlich – allerdings nicht zum Baden oder zum Schwitzen in der Saunalandschaft. Im Herbst 2015 wurden die Räume für einen Flohmarkt geöffnet. Von den Liegestühlen über den Saunaofen bis zu den Kästchen in der Umkleide war damals alles zu haben. „Obwohl das Bad geschlossen ist, muss die Gemeinde pro Jahr dafür 32 000 Euro Steuern und Versicherungen zahlen", erklärt Bürgermeister Hecher. „Durch den Ausverkauf haben wir wenigstens einen Teil refinanziert."

Restposten. Den Flügel und die aus der Mode gekommene Badebekleidung wollte niemand haben.

Übrig geblieben sind beim Flohmarkt vor allem nagelneue, aber aus der Mode gekommene Badeanzüge, Bikinis und Badehosen aus dem ehemaligen Thermenshop. Ebenfalls zu haben ist noch ein Schnäppchen für alle, die darauf spielen können: ein Flügel um 1 000 Euro. „Bei Selbstabholung", grinst der Bürgermeister angesichts der Tatsache, dass das Klavier im Restaurant im ersten Stock steht. In der leeren Küche des Lokals zeigt er uns den Speiseaufzug. „Das war der Tresor des Pächters", erzählt Hecher. „Nach der Sperrstunde hat er das Geld in den Aufzug gelegt und ihn zwischen den Stockwerken geparkt."

Clever. Und ein Grund für uns, sofort hineinzuschauen. Bedauerlicherweise ist der Aufzug so leer wie die Schwimmbecken.

LOST PLACE

→ Die Therme Bad Bleiberg ist geschlossen. Das Heilwasser sprudelt aber im benachbarten *Kurzentrum Gesundheitshotel Vivea* (nur für Gäste) sowie im ebenfalls angrenzenden *Thermenhotel Bleibergerhof*, dessen Wellnessbereich als Day-Spa auch „Externen" offen steht. *www.hb1.at*

AM RANDE

Über die lange Bergbautradition im Tal wird in den Schaubergwerken *Terra Mystica* (multimedial, spannend und mit viel Erdkunde auch für Kinder geeignet) und *Terra Montana* (Bergbau pur) informiert. Besucher brauchen warme Kleidung – in den Stollen hat es unabhängig von der Außentemperatur konstant 8 Grad. Führungen werden von Mai bis Oktober täglich angeboten, Uhrzeiten laut Internet. Von November bis April findet wöchentlich eine Terra-Mystica-Tour statt, samstags um 15 Uhr. Ab 10 Personen und bei rechtzeitiger Voranmeldung ist die Besichtigung beider Schaubergwerke jederzeit möglich. Terra Mystica und Terra Montana, Bleiberg-Nötsch 91, 9531 Bleiberg-Nötsch, *www.terra-mystica.at*

Im urigen *Gasthaus Bergwerk* von Familie Wirnsperger (9531 Bleiberg-Kreuth 42) werden Relikte aus dem Bergbau ausgestellt. Von der Theke kann man durch eine Glasplatte in einen Stollen schauen. Täglich von 9 bis 24 Uhr geöffnet.

Ein schöner Lost Place ist die *alte Straße*, die bis Anfang des 20. Jahrhunderts Bad Bleiberg mit Villach verbunden hat. Die nicht mehr befahrbare und zum Teil zugewachsene Strecke durch den Kadutschengraben hatte abenteuerliche Kehren, die man im Volksmund „Schneckenreiden" nannte. Leider konnten wir nicht herausfinden, ob das auf ihre Bauweise oder auf die maximal zulässige Geschwindigkeit zurückzuführen ist.

Die Straße ist heute Teil des *Dobratsch-Rundwanderweges*. Wer sie zur Gänze von Villach-Mittewald bis Bleiberg-Hüttendorf begehen will, braucht hin und retour mindestens 3, eher 4 Stunden und ein wenig Mut. Es kann vorkommen, dass der Weg entlang des Weißenbachs durch Steinschläge verlegt und deshalb ein Ausweichen ins Gelände notwendig ist. Ausgangspunkte sind der Google-Maps bekannte Kadutschengrabenweg in Mittewald beziehungsweise der Bleiberger Ortsteil Hüttendorf, wo man einfach der modernen Beschilderung des Weges als „Walkingstrecke" folgt.

VILLACHER NATURSCHÄCHTE

DIE VERSCHWUNDENE HÖHLE

Abseits von Alpenstraße und Wanderwegen ist der Dobratsch ein Berg voller Geheimnisse und Lost Places. Das Interesse an der Aufklärung der Rätsel hält sich wegen der damit verbundenen Gefahren in Grenzen.

G eologen verwenden die Beschreibung „stark verkarstet", es lässt sich aber auch so formulieren: Der 2166 Meter hohe Dobratsch ist voller Löcher. Rund 200 Höhlen und Schächte hat man hier bisher entdeckt, jedoch bei Weitem nicht zur Gänze erforscht. Den Menschen in den fast 50 000 Autos, die mittlerweile alljährlich über die mautpflichtige Alpenstraße auf den Berg kurven, ist das egal. Sie wollen Höhenluft schnuppern und denken nicht daran, in die Unterwelt des zerklüfteten Kalkgesteinmassivs abzusteigen. In den 1930er-Jahren war es umgekehrt. Die heute weitgehend unbekannten Villacher Naturschächte galten damals als spektakuläre Touristenattraktion.

Zum besseren Verständnis lohnt es sich, das Wort Schacht genauer unter die Lupe zu nehmen. Es steht in der Höhlenkunde für einen senkrechten Gang, kurz: für ein Loch im Boden. Im Bereich der Villacher Naturschächte gibt es eine ganze Reihe davon (deshalb die Mehrzahl). Die Löcher sind unterschiedlich groß und tief. Manche enden schon nach wenigen, das „schwärzeste" hingegen erst nach 128 Metern. Einige erinnern an Krater, weshalb ihre Entstehung in einer Forschungsarbeit aus dem Jahr 1939 mit „Meteoriteneinschlägen" in Verbindung gebracht wurde. Das ist natürlich Quatsch. Bei den Schächten handelt es sich um garantiert irdische Karsterscheinung. Sie sind auf die seit Millionen Jahren voranschreitende Verwitterung des löslichen Dobratsch-Gesteins zurückzuführen.

1932 wurden die Villacher Naturschächte als erste Kärntner Schauhöhle der Öffentlichkeit zugänglich gemacht. Dahinter stand der Anfang des 20. Jahrhunderts gegründete „Verein für Höhlenkunde für Kärnten und Osttirol", dessen Mitglieder aufwendige Vorarbeiten geleistet hatten. Sie installierten halbwegs stabile Eisenleitern und erschlossen in der Tiefe eine waagrechte Verbindung zwischen den zwei größten Schächten. Damit waren für Touristen und interessierte Einheimische unterirdische Rundgänge möglich – vorausgesetzt, man brachte Mut, Trittsicherheit und Kondition zum Bewältigen der Leitern mit. Das war spektakulär, aber eher nicht massentauglich. Andrang und wirtschaftlicher Erfolg blieben aus, der Schaubetrieb musste nach nur wenigen Monaten eingestellt werden.

Seither sind die Naturschächte, die sich in unmittelbarer Nähe des Alpenstraßen-Parkplatzes Nummer 1 befinden, nicht nur ein Lost Place, sondern vor allem ein Sperrgebiet. Betreten verboten! Es gibt keinen Wegweiser. Und das ist gut so, wie wir vor Ort feststellen. Waghalsige Schaulustige könnten jederzeit in eines der kleineren Löcher stolpern. Die zwei größten Schächte hat der Verein für Speläologie (Höhlenforschung), der das Areal im Auftrag der Stadt Villach instand hält, dichtgemacht. Den oberen umspannt ein Zaun, der untere ist überhaupt durch eine Hütte verschlossen. Sie wurde für die damalige touristische Nutzung genau über dem Schlund errichtet und ist natürlich gesperrt.

Die Höhlenforscher scheinen sich damit abgefunden zu haben, dass manche Menschen trotzdem nicht zu stoppen sind. Neben der aus ihrer Verankerung gerissenen Kette, die eigentlich den Weg versperren sollte, hängt – zusätzlich zu einem weiteren Verbotsschild mit der Ergänzung „Absturzgefahr"– ein Zettel mit den Notrufnummern von Höhlen- und Bergrettung, „normaler" Rettung, Polizei und Feuerwehr. Im Text darunter weist der Verein darauf hin, dass die Karsterscheinungen seit 1963 unter Naturdenkmalschutz stehen. „Einige Teile der Schächte sind sehr gefährlich und deshalb bitten wir jeden, keine illegalen Befahrungen zu unternehmen", heißt es im höflichsten Höhlenforscherdeutsch. Wir

Die Hütte ist versperrt. In ihrem Inneren geht's abwärts.

Relikte aus der Ära als Touristenattraktion

haben das ohnehin nicht vor und fotografieren lieber zwei verbogene und verrostete Eisenleitern, die offenbar noch aus der Zeit der Naturschächte als Touristenattraktion stammen.

Die historischen Zeugen unterscheiden diesen Lost Place wesentlich von einem anderen auf dem beziehungsweise im Dobratsch: von der sogenannten Bambergerhöhle. Sie ist nicht nur vergessen, sondern überhaupt nicht mehr auffindbar! Erste Berichte darüber tauchten 1943 auf. Lanciert wurden sie von ihrem angeblichen Entdecker Oskar Hossé (1882–1954). Der Villacher Höhlenforscher, der 20 Jahre zuvor maßgeblich an der Erschließung der Naturschächte beteiligt war, erzählte von einer 1,7 Kilometer langen Grotte voller wunderschöner Tropfsteine. Hossé war aber ebenso genial wie schwierig und befand sich zu dieser Zeit in einem ordentlichen Clinch mit Grundbesitzern in Warmbad-Villach. Obwohl es dabei um eine andere von ihm erforschte Unterwelt, das Eggerloch, ging, weigerte er sich, die Lage der Bamberger Höhle zu verraten. Der streitbare Forscher nahm das Wissen über den Zugang, den er eigenen Angaben zufolge getarnt hatte, mit ins Grab.

Bis heute hat niemand die legendäre Grotte entdeckt beziehungsweise wiederentdeckt. Existiert sie überhaupt? „Ja", sagt Harald Krainer, der Obmann des Vereins „Historisches Warmbad". Er hat Hossés Berichte im Detail studiert und hält sie für authentisch. Meine Theorie – ihr zufolge wurde der Eingang zur Höhle beim Bau der Alpenstraße 1965 aus Versehen zugeschüttet und asphaltiert – quittiert Krainer nur mit einem mitleidigen Lächeln. Abseits seiner Forschungen erinnert an die Lost Places auf dem Dobratsch nur ein Straßenname in der Draustadt: Seit 1945 gibt es die Villacher Schächtestraße. Das Grab von Oskar Hossé auf dem Friedhof im Stadtteil St. Martin pflegt mangels Nachkommen der Verein „Historisches Warmbad". Es gilt als eines der außergewöhnlichsten der Region. Den Grabstein ziert eine Skulptur, die einem Tropfstein aus dem Eggerloch nachempfunden ist. Hossé hätte die Aufschrift sicher gefallen. Sie lautet: „Tropfsteine waren seine Freude."

Das Grab von Oskar Hossé

Die tiefsten Löcher sind durch Zäune gesichert.

LOST PLACE

→ Die Hütte und die Leitern aus der Zeit der Villacher Naturschächte als Touristenattraktion kann man sehen, ohne das gesperrte Areal zu betreten. Es befindet sich zirka 150 Meter nördlich des Parkplatzes Nummer 1 (770 m) an der von Mitte April bis Mitte November mautpflichtigen Alpenstraße auf den Dobratsch.
Wege nicht verlassen!

AM RANDE

Wer der Bergstraße weiter folgt, gelangt zum *Alpengarten* (1500 m), in dem mehr als 800 verschiedene Pflanzen aus drei Klimazonen wachsen. Die von Freiwilligen liebevoll gepflegte botanische Open-Air-Ausstellung ist von Anfang Juni bis Ende August geöffnet. www.alpengarten-villach.at

Vom Alpengarten-Parkplatz sind es nur ein paar Schritte zur *Aussichtsplattform* „Rote Wand". Der Skywalk, auf dem man gefahrlos bis zu 400 Meter über dem Abgrund wandelt, ist ganzjährig frei zugänglich.

Im Tal empfehlen wir eine *Rundwanderung* entlang des Archäologiepfades in Warmbad. Die Strecke ist 6 Kilometer lang und - gutes Schuhwerk vorausgesetzt - leicht zu bewältigen. Sie führt zu mehreren ausführlich beschilderten historischen Stätten wie dem sogenannten Römerweg, einer in den Fels gehauenen Gleisstraße, und der (verschlossenen) Durezza-Schachthöhle auf dem Tscheltschnigkogel, in der mehr als hundert menschliche Skelette aus der Hallstattzeit gefunden wurden. „Einstiegsstellen" in den vom Verein „Historisches Warmbad" und dem Naturpark Dobratsch initiierten Archäologiepfad befinden sich beim Hotel Warmbaderhof (Kadischenallee 22-24, 9500 Villach) und hinter dem Heizwerk (Kreuzung Warmbach-Weg, Warmbader Straße). www.naturparkdobratsch.info

VILLACHER BRAUEREI

KESSELTREIBEN

Obwohl rundherum hektische Betriebsamkeit herrscht, gibt es auf dem Areal der Villacher Brauerei einige Winkel, in denen die Zeit stehen geblieben ist. Sie haben das Zeug zum Museum.

„Hopfen und Malz, Gott erhalt's", lautet die wichtigste Fürbitte der Biertrinker. Damit der Reim nicht holpert, bleibt eine weitere für das Gelingen des Gerstensafts essenzielle Zutat unerwähnt: die Hefe. Sie sorgt für die alkoholische Gärung und bestimmt – in Kombination mit Hopfen, Malz und anderen Faktoren – den Geschmack des Endprodukts. Dementsprechend sorgsam hegen und pflegen Brauereien ihre Hefe, die als einzelliger Pilz eine durchaus praktische und mit dem menschlichen Bauch vergleichbare Eigenschaft hat: Bei einer Fütterung mit Zucker tritt automatisch eine Vermehrung ein. Und genauso einfach stellen Brauereien laufend ihre eigene Hefe her.

Die Hefe vor unserer Nase hat ihre Arbeit getan. Sie wurde nach dem Brauvorgang abgeschöpft und wartet nun darauf, von einem Bauern abgeholt zu werden, der die schaumige Brühe an seine Kälber verfüttern wird. Das schmeckt den Tieren und ist gesund für sie – Hefe enthält das für die Jungtiere wichtige Spurenelement Selen. Zwischengelagert wird sie in einem gemauerten Gärbecken, das in seiner ursprünglichen Funktion längst ausgedient hat. Wie alle anderen mit Rohrleitungen verbundenen

Dieser Sudkessel hat in der Bierproduktion ausgedient. Sein neuer Job: Ausstellungsstück

Die alten Tanks befinden sich im nicht öffentlich zugänglichen Bereich der Brauerei

„Pools" in dem riesigen Raum. Sie haben schon lange kein Bier mehr gesehen. Das wird in Villach seit Jahrzehnten in geschlossenen Stahltanks produziert.

Die staubtrockenen Gärbecken sind nicht der einzige Lost Place hinter den Mauern der Villacher Brauerei. Marketingleiter Peter Peschel führt uns weiter ins alte Sudhaus. Es war bis zur Eröffnung des angrenzenden Neubaus 2005 in Betrieb und danach nie ganz „lost". Die Räumlichkeiten werden für Veranstaltungen und Ausstellungen genutzt – vor einem historischen Hintergrund: Die alten Maschinen und Steuerpulte wurden nicht ausgebaut, sondern durften bleiben. Ebenso die Sudkessel, die man allerdings aufgeschnitten hat, um sie begehbar zu machen. Einer wird zu besonderen Anlässen als kleiner, uriger Partyraum genutzt. Wer hier feiern durfte, weiß: Es gibt keinen besseren Ort, um Bier zu trinken und gleichzeitig mehr darüber zu erfahren.

Werkzeug zur Eisgewinnung. Bis zur Erfindung der Kühlgeräte musste das Bier mit den im Winter geschnittenen Blöcken über den Sommer gebracht werden.

„Wir planen, diesem Teil der Brauerei verstärkt einen musealen Charakter zu geben und zusätzliche Führungen anzubieten", sagt Peschel. Erzählen können er und seine Kollegen genug. Zum Beispiel über die bescheidene Geburtsstunde des Unternehmens, das heute jährlich mehr als 200 000 Hektoliter Bier produziert, rund 100 Menschen beschäftigt und einen Umsatz von 44 Millionen Euro macht. Sie schlug 1858, als Johann Fischer sein Gasthaus in der Villacher Bahnhofstraße um eine kleine Kesselbierbrauerei erweiterte. Der Betrieb wuchs rasch. Um 1910 gab es bereits Vertriebsniederlassungen in Krain, Venedig, Triest, Pula und Venedig.

Der Stammsitz hat sich im Lauf der Jahrzehnte nur um ein paar Meter verlagert – das heutige Brauereigelände steht im ehemaligen Garten des Gasthauses von Johann Fischer. Seine Erben sollten Villach nicht nur mit ihrem Bier und als Arbeitgeber prägen. Der spätere Brauereibesitzer Johann Koutnik war zum Beispiel die treibende Kraft, um die Stadt mit Elektrizität zu versorgen. Betriebsintern produzierte er schon ab 1901

Das alte Sudhaus war bis 2005 in Betrieb.

mithilfe einer 120 PS starken Dampfmaschine Strom und schmiedete gleichzeitig Pläne, gemeinsam mit dem privaten Gaswerk eine Elektrizitätsgesellschaft zu gründen. Sie scheiterten lange an politischen Diskussionen, obwohl Koutnik ab 1905 Obmann des „Beleuchtungsausschusses" im Gemeinderat wurde. 1911 ging schließlich auch außerhalb der Brauerei den Villachern ein elektrisches Licht auf.

Koutniks Faible für Strom hatte wirtschaftliche Gründe, die sich am besten mit den historischen Werkzeugen erklären lassen, über die wir auf dem Rückweg vom alten Sudhaus in die moderne Brauerei stolpern. In einem Gang lehnen riesige Sägen an der Wand, daneben lange Stangen mit Widerhaken. Damit wurde früher im Winter auf den Seen rund um Villach Eis geschnitten. Anschließend bunkerte man es in einem mit Korkmatten zusätzlich isolierten Keller der Brauerei, um das Bier so gekühlt über den Sommer zu bringen. Bis anno 1900 das erste Kühlaggregat in Villach zum Einsatz kam, konnte nur von Ende September bis Ende April gebraut werden. Das betraf alle Brauereien unserer Klimazone und führte zum Namen Märzenbier. Es war die letzte vor dem Sommer gebraute Sorte, die besonders haltbar sein musste, was man durch einen höheren Alkoholgehalt und mehr Hopfen erreichte.

In abgeschwächter Form ist „das Märzen" heute das Standardbier der meisten österreichischen Brauereien. Ganzjährig.

LOST PLACE

→ Führungen durch die aktuelle und historische Villacher Brauerei werden für Gruppen auf Anfrage angeboten. *www.villacher.com*

DIE SCHROTTÜRME

TIEFER FALL

In Kärnten standen einst fünf Schrottürme,
in denen tonnenweise Munition produziert wurde.
Nur zwei der teilweise bis heute gefährlichen Giftküchen
sind einigermaßen vollständig erhalten geblieben.

Wie ein mahnender Zeigefinger in eigener Sache ragt er zwischen Autobahnzubringer und Bundesstraße aus dem Wald. Der 1824 errichtete Schrottturm an der Westeinfahrt von Klagenfurt ist ein Relikt, das fast jeder Kärntner kennt, mit dem seit Jahrzehnten aber niemand etwas anfangen kann. Eine ebenso kurzfristige wie ruhmlose Ausnahme waren – bis das Areal 2016 mit Bauzäunen zusätzlich abgesperrt wurde – diverse „Besucher", die dem Inneren mit Spraydosen und Müllbergen ihren Stempel aufgedrückt haben.

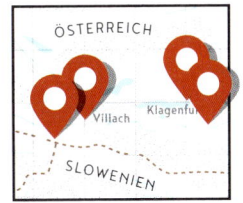

Das denkmalgeschützte Gebäude steht seit Jahren zum Verkauf. Die von den Besitzern beauftragten Makler sprachen von einer „Verhandlungsbasis" in der Höhe von 1,6 Millionen Euro, als die „Kleine Zeitung" 2013 wieder einmal über die Causa berichtete. Man schreibt in regelmäßigen Abständen darüber, weil sich vor allem ältere Kärntner gerne an die „Schrottenburg" erinnern. So hieß das seit Jahrzehnten geschlossene Café am Fuß des Turms, das für seine Terrasse mit Blick auf den Wörthersee berühmt war. Mit einer echten Burg hatte der 30 Meter hohe Turm allerdings nie etwas zu tun – außer, dass er wehrhaft, aber möglicherweise

Das einst beliebte Ausflugscafé „Schrottenburg" ist heute ein Tummelplatz für Zerstörungswütige.

auf verlorenem Posten an ein längst vergessenes Kapitel der heimischen Industriegeschichte erinnert.

Zu Beginn des 19. Jahrhunderts war Kärnten ein, wie man heute sagen würde, Hotspot für die Erzeugung von Schrot. Die Munition wurde hergestellt, indem man in speziell dafür hochgezogenen Türmen geschmolzenes Blei von oben durch ein Sieb goss. Durch die Schwerkraft und die entsprechenden vorher beigemischten Legierungen formten sich die Tropfen im freien Fall zu kleinen Kugeln. Als solche plumpsten sie am Fuß der Türme zum Aushärten in ein kaltes Wasserbad.

Das Geschäft war für die Kärntner Hersteller vor allem durch den Nachschub aus den nahen Bergwerken in Mieß (heute Mežica in Slowenien) und Bad Bleiberg äußerst rentabel. Man sparte Transportkosten und war flexibel. Bestellungen kamen aus ganz Europa. „Von den insgesamt sechs Schrottürmen, die es im 19. Jahrhundert auf dem heutigen österreichischen Staatsgebiet gegeben hat, sind fünf in Kärnten gestanden", weiß der Klagenfurter Hobbyhistoriker Reinhold Gasper, der seit Jahren auf diesem Gebiet forscht.

Wände wurden besprüht und eingeschlagen. Auch Schießübungen haben Eindringlinge veranstaltet.

Die allererste Schrotfabrik in der österreichisch-ungarischen Monarchie wurde 1814 in Gailitz bei Arnoldstein eröffnet. Der Kärntner Bleihändler Simon Wallner (1772–1844), der sich in England mit der damals modernsten Herstellungsmethode von Schrot vertraut gemacht hatte, errichtete sie auf den Mauerresten des sogenannten Fuggerschlosses. Der erste Turm aus Holz war 25 Meter hoch. 1818 erzeugte Wallner pro Jahr bereits 225 Tonnen Schrot. Weil die Fabrik die Nachfrage nicht mehr erfüllen konnte, ersetzte der Unternehmer die Anlage 1830 durch eine neue, die seinen Erben 50 Jahre später von der „Bleiberger Bergwerks Union" (BBU) abgekauft wurde. Der von Wallner bei der Erweiterung der Fabrik errichtete 57 Meter hohe und später mehrfach umgebaute Turm steht heute noch. Er war bis 1974 – als letzter seiner Art in Österreich – in Betrieb.

In der Schmelzkammer wurde zuletzt mit Atemschutzmasken gearbeitet, man wusste längst um die Gefahren der Bleidämpfe Bescheid. Dazu gesellte sich das ebenfalls hochgiftige, als Legierung verwendete Arsen. Spuren dieser und anderer Stoffe sind nach wie vor im gesamten denkmalgeschützten Gebäude zu finden, das mittlerweile der Marktgemeinde

Der aktuelle Zustand der Schmelzkammer

Der Schrotturm in Arnoldstein war bis 1974 in Betrieb.

Zurückgelassenes Werkzeug der Schrotgießer

Arnoldstein gehört. Sie würde es gern sinnvoll nutzen, aber das wäre erst nach einer wahrscheinlich millionenteuren Sanierung möglich. Aus Sicherheitsgründen ist der Turm fest verschlossen. Und es geht dabei, wie wir im April 2016 mit allen notwendigen Genehmigungen im Gepäck feststellen mussten, nicht um die Luftgüte allein. Beim Aufstieg in die Schmelzkammer besteht Absturzgefahr. Die Leiter und Zwischendecken aus Holz sind mittlerweile gefährlich morsch.

Ebenfalls im Besitz der BBU befanden sich ab 1870 der mittlerweile großteils verschwundene Schrotturm in Federaun bei Villach (stillgelegt 1887) und die Klagenfurter Schrottenburg (als Munitionsfabrik 1893 geschlossen, als Aussichtsturm und Ausflugslokal 1970). Turm Nummer 4 in Villach-Warmbad – er soll von 1818 bis 1865 in Betrieb gewesen sein – gilt als vermisst. Er war zwar angeblich 70 Meter hoch, aber zur Gänze aus Holz, weshalb Vermutungen über seinen genauen Standort weder bestätigt noch widerlegt werden können. Dafür ist ein bis 2006 nicht bekannter Turm 5 aufgetaucht, „exhumiert" von Historiker Gasper. Im Franziszeischen Kataster von 1827 entdeckte er einen „Schrottthurm" bei Maria Rain. Schriftlich fand Gasper keine weiteren Hinweise, dafür aber 750 Meter östlich der Hollenburg in der Natur: Mauerreste auf einer rund 45 Meter hohen Felskuppe und am Fuß derselben deuten tatsächlich auf einen hier „angelehnten" Schrottturm hin.

Ruine des Schrotturms Federaun

Wenn das keine Munition für weitere Nachforschungen ist!

Kaum erforscht ist die Geschichte des Schrotturms bei der Hollenburg.

AM RANDE

Als Entschädigung für die gesperrte Schrottenburg kann man sich am anderen Ende der Stadt Klagenfurt einen modernen Lost Place - zumindest von außen - garantiert ungestört anschauen: die ehemalige Zentrale der *Hypo Alpe Adria Bank*. Der von US-Stararchitekt Thom Mayne entworfene Bau hat mehr als 20 Millionen Euro gekostet. Er wurde 1999 eröffnet und damals als zweites Wahrzeichen von Klagenfurt gepriesen. Seit der Abwicklung der Bank steht das Gebäude weitgehend leer. Auch äußerlich ist es um die futuristische Konstruktion, in der laut Mayne Licht für „besonders viel Transparenz" sorgen sollte, nicht mehr zum Besten bestellt.
Alpen-Adria-Platz 1, 9020 Klagenfurt

In Arnoldstein lohnt sich ein Besuch der *Klosterruine*. Sie hat eine bewegte Geschichte, die bis 1085 zurückreicht, als noch eine Burg auf dem Felsen oberhalb der heutigen Ortschaft stand. 1106 wurde sie zu einem Benediktinerkloster umgebaut. Nach dessen

Aufhebung 1783 beherbergte es Wohnungen und Kanzleien, 1883 zerstörte ein Großbrand Dächer und Holzdecken. Weil niemand bereit war, Geld für den Wiederaufbau lockerzumachen, verkam das Gebäude zur Ruine. Seit 1992 wird es von einem privaten Verein mit Unterstützung der Gemeinde wieder instand gesetzt und ist mittlerweile ein beliebter Veranstaltungsort. Besichtigungen sind im Rahmen einer Führung möglich. Öffnungszeiten: Mai-Sep. Mo-Fr 8-12 Uhr, in den Ferien zusätzlich Mi-So 13-18 Uhr. Klosterruine Arnoldstein, Klosterweg 1, 9601 Arnoldstein, *www.burgruine.at*

Außergewöhnlich ist die dreiteilige *Kreuzkapelle*, die von den Äbten des Stifts Arnoldstein im 16. und 17. Jahrhundert an der alten Hauptstraße (heute Kreuzkapellenweg) errichtet wurde. Wer dem Weg Richtung Ortszentrum folgt, kommt zur beschilderten Abzweigung zum Arnoldsteiner Wasserfall. Die 40-minütige Familienwanderung führt an den Ruinen alter Mühlen vorbei. Gebäude nicht betreten! Es besteht Einsturzgefahr!

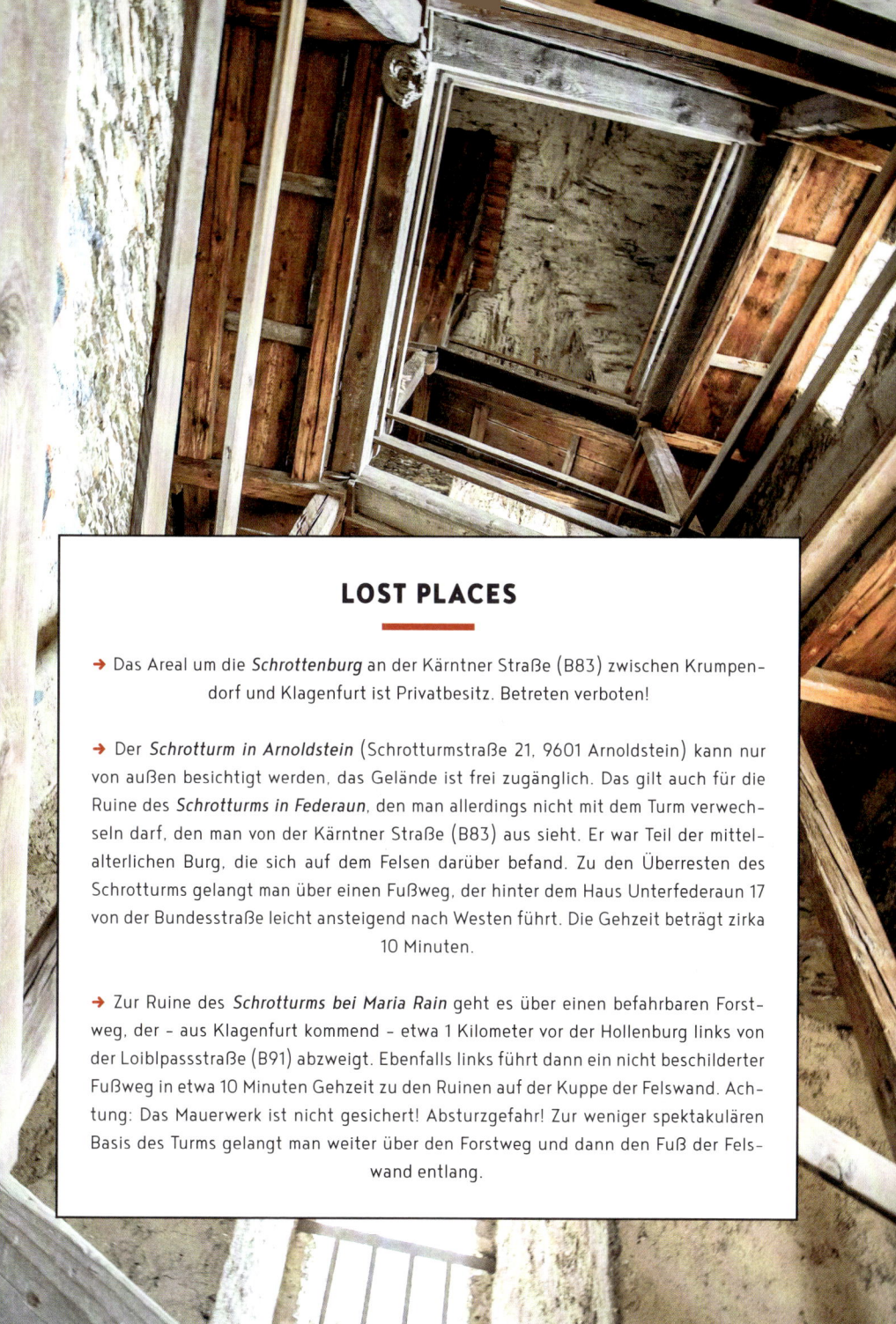

LOST PLACES

→ Das Areal um die *Schrottenburg* an der Kärntner Straße (B83) zwischen Krumpendorf und Klagenfurt ist Privatbesitz. Betreten verboten!

→ Der *Schrotturm in Arnoldstein* (Schrotturmstraße 21, 9601 Arnoldstein) kann nur von außen besichtigt werden, das Gelände ist frei zugänglich. Das gilt auch für die Ruine des *Schrotturms in Federaun*, den man allerdings nicht mit dem Turm verwechseln darf, den man von der Kärntner Straße (B83) aus sieht. Er war Teil der mittelalterlichen Burg, die sich auf dem Felsen darüber befand. Zu den Überresten des Schrotturms gelangt man über einen Fußweg, der hinter dem Haus Unterfederaun 17 von der Bundesstraße leicht ansteigend nach Westen führt. Die Gehzeit beträgt zirka 10 Minuten.

→ Zur Ruine des *Schrotturms bei Maria Rain* geht es über einen befahrbaren Forstweg, der - aus Klagenfurt kommend - etwa 1 Kilometer vor der Hollenburg links von der Loiblpassstraße (B91) abzweigt. Ebenfalls links führt dann ein nicht beschilderter Fußweg in etwa 10 Minuten Gehzeit zu den Ruinen auf der Kuppe der Felswand. Achtung: Das Mauerwerk ist nicht gesichert! Absturzgefahr! Zur weniger spektakulären Basis des Turms gelangt man weiter über den Forstweg und dann den Fuß der Felswand entlang.

BURGRUINE HOCHKRAIG

ÄTZENDE ERINNERUNG

Diesen Lost Place würden viele nur allzu gerne vergessen: Auf dem Turm der Burgruine Hochkraig ist ein riesiges Hakenkreuz zu sehen. Das sorgt für Kopfzerbrechen und Touristen, die niemand haben will.

Die jungen Männer grüßen höflich. „Hallo!" Zwei Spaziergänger mit Hund im Wald – ein beinahe idyllisches Bild, wenn da nicht die Details wären: schwarze Kapuzenjacken, Tattoos, Militärrucksack, Kampfmesser. Das allein lässt natürlich noch keine felsenfesten ideologischen Rückschlüsse zu. In Kombination mit einer knapp 500 Meter entfernten „Sehenswürdigkeit" bleibt dann aber doch ein Verdacht, der weniger idyllisch ist. Die Herren, deren Wanderschuhe nicht zum Rest des Outfits passen, marschieren wohl zum Hakenkreuz der Burgruine Hochkraig.

Das einschlägige Symbol auf dem romanischen Turm ist nicht zu übersehen. Zirka 6 mal 6 Meter groß leuchtet es in Weiß von der grauen Mauer. Und das nicht erst seit gestern, sondern seit vorgestern: 1934 – also schon vier Jahre vor dem „Anschluss" Österreichs an Hitler-Deutschland – setzten hier einheimische Nationalsozialisten mit gebranntem Kalk ein Zeichen. Nach dem Ende des Zweiten Weltkriegs bemühten sich die Besitzer der einsam im Wald zwischen Frauenstein und Kraig gelegenen Ruine, das ins Mauerwerk geätzte Hakenkreuz unter reichlich frischer Farbe verschwinden zu lassen. Kurzfristig gelang das auch. Auf Dauer erwies sich

Die Hauptburg Niederkraig ist – bis auf die Kapelle – ebenfalls eine Ruine.

das von den Nazis verwendete Mittel allerdings als Teufelszeug und das mittlerweile verbotene Symbol kam wieder zum Vorschein.

2011 wurde der bis dahin nur Insidern bekannte Umstand zum öffentlich diskutierten Problem – Schlägerungsarbeiten hatten für die Spaziergänger und Wanderer auf dem Kraiger Schlösserweg plötzlich die Sicht auf das Hakenkreuz freigelegt. Landespolitiker regten daraufhin einen Künstlerwettbewerb an. Am Ende sollten Ideen stehen, wie man das gigantische NS-Zeichen vom derzeit verherrlichenden in einen mahnenden Zusammenhang bringen könnte. Aus Kostengründen kam es aber nicht einmal zu einer Ausschreibung. Für ein bloßes und diesmal dauerhaftes Übermalen fehlt ebenfalls das liebe Geld. Was einfach klingt, wäre nämlich extrem aufwendig. Die Hakenkreuz-Seite des Turms liegt direkt über einer steilen Felswand, weshalb eine solche Aktion nur von oben, also durch Abseilen, erfolgen könnte. Dafür müsste allerdings zuerst die bröckelnde Mauerkrone gesichert werden.

Burgbesitzer Peter Goess ist – abgesehen von der bis dato gescheiterten Finanzierung des Vorhabens – kein großer Fan des „Ausradierens", wie er 2015 in einem Interview mit der „Kleinen Zeitung" erklärte. „Es hat keinen Sinn, so zu tun,

Hakenkreuz-Touristen

Märchenschloss Frauenstein. Das Gebäude wird von seinen Besitzern liebevoll in Schuss gehalten.

als wäre nie etwas gewesen", wird er zitiert. Goess schlägt vor, Kletterpflanzen anzusetzen, die das Hakenkreuz langfristig überdecken würden. Und mangels Alternativen scheint es tatsächlich auf diese in Österreich beliebte Methode hinauszulaufen: Man wird wohl Gras beziehungsweise anderes Grünzeug über die leidige Angelegenheit wachsen lassen. Die paar Jahre, die das noch dauern kann, sind in Relation zur Geschichte der denkmalgeschützten Burg Hochkraig ohnehin ein Klacks.

Das heute baufällige und nicht öffentlich zugängliche Gemäuer wurde um 1200 gemeinsam mit der Burg Niederkraig zum Schutz der nahen Stadt St. Veit sowie benachbarter Eisen-, Kupfer-, Blei- und Silberminen errichtet. Als Bauherren gelten die Herren von Kraig, die eines der ältesten und bedeutendsten Kärntner Ministerialgeschlechter waren. Niederkraig legte man als Hauptburg an, während das fast 100 Meter höher auf einem schroffen Felsen platzierte und schwer zugängliche Hochkraig eher militärischen Zwecken beziehungsweise als Zufluchtsort diente. Darauf deuten die auffallend abgerundeten Ecken des nunmehr berüchtigten Turmes hin – an ihnen sollten im Fall einer Belagerung Geschoße leichter abprallen. Ab Mitte des 16. Jahrhunderts wechselten die stark befestigten Anlagen mehrmals den Besitzer. Durch die schwindende Bedeutung St. Veits büßten die Burgen ihre strategische Bedeutung aber immer mehr ein. Hochkraig wurde deshalb schon im 17., Niederkraig im 19. Jahrhundert zum „Lost Place".

Am Fuß beider Ruinen – Niederkraig ist deutlich besser erhalten, darf aber ebenfalls nicht betreten werden – führt heute der Kraiger Schlösser(wander)weg vorbei. Wer ihm folgt, stolpert über eine weitere Besonderheit, die zur Abwechslung politisch unverdächtig ist: ein wunderschönes Aquädukt aus bis zu zehn Meter hohen gemauerten Bögen, über das die Burg Niederkraig mit Wasser versorgt wurde. Die Konstruktion ist ein eindrucksvoller Beweis für die Prominenz der einstigen Bewohner. Einen solchen Aufwand konnten sich im Mittelalter nur besonders einflussreiche und wohlhabende Menschen leisten.

Die jungen Männer mit Hund, Dolch & Co. haben das Aquädukt links liegen gelassen und sind Richtung Hochkraig im Wald verschwunden. Und wir diskutieren: Ohne das Hakenkreuz auf dem Turm wären diese Typen nicht hergekommen. Aber wären sie dann gescheiter? Unsere Antwort stimmt uns pessimistisch.

Über das Aquädukt wurde die Burg Niederkraig mit Wasser versorgt.

LOST PLACE

→ Beim Namen sind sich die Schilder, Karten und Internetseiten nicht immer ganz einig: Manchmal ist vom *Kraiger Schlösserweg*, dann wieder von der Kraiger Seental-Wanderung die Rede. Im Grunde dreht sich aber immer alles um dieselbe rund 3-stündige familienfreundliche Rundtour. Sie lässt sich von zwei Seiten „angehen": vom Kraiger See in Kraig oder dem Schloss Frauenstein in Obermühlbach.
Es zahlt sich nicht aus, auf die steilen Wege abzubiegen, die zu den Ruinen führen. Die Tore sind versperrt, es besteht teilweise Einsturzgefahr. Betreten ist verboten!

AM RANDE

Zum *Schloss Frauenstein* gelangt man mit dem Auto aus St. Veit über die Steinbichler Straße (L93), von der in Hintnausdorf rechts eine Abzweigung nach Obermühlbach führt. Der weitere Weg ist beschildert. Das Schloss wird nach wie vor bewohnt und befindet sich in Privatbesitz, es kann nicht besichtigt werden. Staunendes Innehalten und ein Erinnerungsfoto ist das „Dornröschenschloss" mit seinen Türmen, Erkern und Zinnen aber in jedem Fall wert. Es wurde im 12. Jahrhundert als Wasserburg errichtet und gilt in seiner heutigen Form als eines der schönsten Beispiele spätmittelalterlicher Schlossbaukunst in Kärnten.

FREIBACHER STAUSEE

DAS VERSUNKENE DORF

Wasserkraft einst und jetzt: Früher standen am Ufer des Freibachs Mühlen und Sägewerke, heute füllt er einen Stausee. In den Fluten ist ein ganzes Dorf verschwunden, dessen Ruinen alle 15 bis 20 Jahre auftauchen.

Von den Ideen, die wir im Zusammenhang mit den Recherchen für dieses Buch hatten, war diese Aktion eine der dämlichsten. Und dabei hat sich alles so einfach angehört: Im Februar 2016 legte der Kärntner Energieversorger Kelag den Freibacher Stausee trocken, um Revisionsarbeiten an den Anlagen durchzuführen, die sich dort normalerweise unter Wasser befinden. Mit ihnen tauchten auch die Ruinen des Dorfs Homölisch/Homeliše wieder auf, das 1957 geflutet wurde, als man den Speicher angelegt hat. Da mussten wir natürlich hin.

Um die „Pointe" vorwegzunehmen: Der Spaziergang durch den erst seit wenigen Tagen leeren Stausee war ein ebenso zeit- wie kräfteraubender Balanceakt. Und äußerst unelegant obendrein. Gummistiefel schützen nämlich ihren Träger überhaupt nicht davor, im Schlamm stecken zu bleiben. Und zwar felsenfest. Zum Glück konnten wir uns immer gegenseitig herausziehen. Sonst wären wohl nur der Griff zum Handy und dann ein peinlicher Einsatz des Rettungshubschraubers geblieben. Ein fast 40 Hektar großer Stausee, der im gefüllten Zustand rund 5,3 Millionen Kubikmeter Wasser intus hat, lässt sich eben nicht innerhalb weniger Tage wirklich trockenlegen.

Im Sommer wird im Freibacher Stausee gebadet und getaucht.

Einzigartige Eindrücke und Fotos entschädigen uns für die Panikattacken. Aus dem kleinen Teich, den die Kelag zum Überleben des Fischbestands an der tiefsten Stelle stehen gelassen hat, ragt eine spektakuläre Betonkonstruktion mit Gittern und Leitern. „Das ist der Stoppel", stellt der Fotograf grinsend fest. Tatsächlich dürfte es sich um die Stelle handeln, an der das Wasser zur Stromerzeugung ins Kraftwerk Gallizien abfließt. Rundherum hat sich eine Mischung aus Mondlandschaft und Polarmeer aufgetan. Zwischen kleinen und größeren Kratern liegen dicke Eisschollen auf dem Boden, die alle einen Absturz hinter sich haben: Der bis zu 30 Meter tiefe Stausee war an der Oberfläche zugefroren, als man ihn abgelassen hat.

Wir marschieren (wenn man das so nennen kann) weiter zu den Ruinen von Homölisch/Homeliše. Als das Dorf von seinen Bewohnern verlassen werden musste, bestand es noch aus sieben Anwesen. Die kleinen bäuerlichen Betriebe hatten sich hier angesiedelt gehabt, um – lange vor der Kelag – die Kraft des Wassers zu nutzen. „Schon vor etwa 800 Jahren hat es entlang des nun aufgestauten Freibachs die ersten Mühlen und Sägewerke gegeben", erzählt uns später

Von Homölisch/Homeliše sind nur Fotos und Mauerreste am Grund des Stausees geblieben.

Aufgetauchte Ruine. Deutlich erkennbar ist der Lagerblock für ein Wasserrad.

Hermann Orasche. Der Amtsleiter der Gemeinde St. Margareten im Rosental und Kenner der lokalen Geschichte kann auch erklären, woher der Freibach seinen Namen hat. „Er ist im Mittelalter einer der wenigen Bäche in Kärnten gewesen, dessen Fischereirecht nicht vergeben war. Jeder durfte hier frei fischen."

Bei den Sägewerken handelte es sich um sogenannte Venezianergatter, deren ausgeklügelter Mechanismus auf den italienischen Universalgelehrten Leonardo da Vinci (1452–1519) zurückgehen soll. Die Sägeblätter werden dabei in einen Holzrahmen eingespannt. Ein Wasserrad treibt diese „Gatter" genannte Apparatur an und führt gleichzeitig den in einen Schlitten eingespannten Baumstamm durch die Säge, die schließlich Bretter aus ihm macht. Der Name der im gesamten Alpenraum weit verbreiteten Konstruktion geht auf historische Hauptabnehmer der Produkte zurück – die Venezianer brauchten tonnenweise Bretter für den Bau ihrer Schiffe.

Viel ist von Homölisch/Homeliše nicht mehr übrig. Wir entdecken neben einigen Grundmauern einen Gang, der in einen Keller führt. Er ist mit Holzbrettern gedeckt, auf denen zum Teil meterhoch Schlamm liegt. Keine gute Voraussetzung für einen sicheren Abstecher in die Tiefe, weshalb wir darauf verzichten. Vergleichsweise gut erhalten sind die Überreste eines

Das Freibacher „Riff"   Schlammpackung für die Gummistiefel. Durch einen frisch abgelassenen Stausee zu marschieren, ist kein Spaziergang.

Gebäudes, das vermutlich bis zuletzt als Mühle oder Sägewerk in Betrieb war. Der dreieckige betonierte Pfeiler hat als Lagerblock wohl einst ein Wasserrad getragen. Die Mauern der Ruine sind voller offener Muscheln, die sich im Wind bewegen. Sie hängen so dicht nebeneinander, dass dadurch ein gespenstisches Klappern entsteht.

Über das deutlich flachere Ostufer kämpfen wir uns auf trockenen Boden zurück. Von oben ist die Dimension der gewaltigen Erdbewegungen, die zum Anlegen des Stausees notwendig waren, am deutlichsten zu sehen. Was für das Becken ausgebaggert wurde, verwendete man zum Aufschütten des 36 Meter hohen und 150 Meter langen Staudamms, der wegen der komplizierten geologischen Gegebenheiten die Mauer ersetzt. Am Fuß ist er 185 Meter, an der Krone immerhin noch 5 Meter breit. 235 000 Kubikmeter Schüttgut mussten dafür aufgetürmt werden, das entspricht zirka 45 000 Waggonladungen Erde.

Bald wird ein Großteil davon wieder unter der Wasseroberfläche verschwinden. „Die Kelag leert den See nur alle 15 bis 20 Jahre", erzählen uns Burgi und Max Wassner, die wir auf dem Rückweg zum Auto treffen. Sie wohnen in der Nähe und sind froh, dass man im Winter den Stoppel gezogen hat: „Im Sommer baden wir da immer." Das ist – im Unterschied zu unseren Schlammpackungen – vernünftig.

LOST PLACE

→ Der *Freibacher Stausee* liegt in 730 m Seehöhe direkt an der Waidischer Straße (L103) zwischen St. Margareten im Rosental und Zell/Sele. Baden darf man gratis, Hunde sind erlaubt. Weil der See über den Freibach mit glasklarem Wasser aus den Karawanken gespeist wird, ist er besonders bei Tauchern beliebt. Die Sichtweiten betragen sogar im Hochsommer bis zu 5, im Herbst bis zu 15 Meter. Die Tauchschule Easydive bietet geführte Unterwassertouren zu den Ruinen des versunkenen Dorfes an.
www.easydive.at

AM RANDE

In der Nachbargemeinde Gallizien befindet sich Kärntens einzige *Bierbuschenschank*. Zum selbst gebrauten vollmundigen Hausbier serviert Familie Sorger Produkte aus der eigenen Landwirtschaft. Die Buschenschank ist von Mai bis September täglich außer montags von 16 bis 22 Uhr geöffnet.
Jauntaler Bauernbier, Familie Sorger, Pirk 1, 9132 Gallizien,
www.jauntaler-bauernbier.at

SCHLOSS WALDENSTEIN

EWIGE BLUTSPUR

Fast 900 bewegte Jahre hinterlassen Spuren.
Im unbewohnten Schloss Waldenstein reichen sie von
einem ABBA-Poster bis zu letzten Worten aus Blut.
Prominentestes „Erbstück" ist aber das Kärntner Heimatlied.

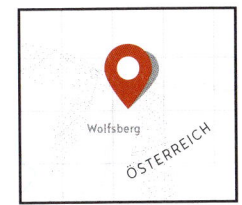

Gebäude wie Schloss Waldenstein werden vom Volksmund gerne „Kasten" genannt. Oder sogar „alter Kasten". Ein Zufall? Wahrscheinlich nicht. Kasten ist auch das österreichische Wort für Schrank. In einem Möbelstück dieser Art lassen sich die unterschiedlichsten Dinge aufbewahren. Ob Smoking oder Badehose, Dirndlkleid oder Businesskostüm – hinter der Tür kann sich bis hin zum Liebhaber im Film alles verstecken. Schloss Waldenstein ist das Paradebeispiel dafür. In dem alten Kasten stecken vergessene Geschichten, die Menschen weit über Kärnten hinaus geprägt haben. Und ein Liebhaber.

Es ist allerdings nicht sein Stöhnen und Ächzen, unter dem sich für uns das Tor öffnet. Herbert Kassl – Betriebsleiter der Kärntner Montanindustrie, der das Gebäude gehört – muss einen mittleren Kraftakt hinlegen, um die unzähligen Schlösser, Riegel und schließlich die schwere Tür zu öffnen. Wiederholte Einbrüche in das seit Jahrzehnten unbewohnte Gemäuer im Waldensteiner Graben, einem Seitental des Lavanttals, haben die Besitzer gezwungen, sämtliche Eingänge und Schlupflöcher nicht nur dicht, sondern absolut dicht zu machen. Inklusive

Alarmanlage, Überwachungskameras, „Betreten verboten"-Schild und „Lebensgefahr!"-Warnung. „Ich weiß nicht, welcher Teufel diese Leute reitet", klagt Kassl. „Sie haben sogar eine Marmorplatte aus dem Boden herausgebrochen und gestohlen. Die hat mindestens hundert Kilo gewogen." Ein schwerer Diebstahl im wahrsten Sinn des Wortes.

Im Mittelalter hätte das niemand gewagt. Das Schloss wäre zu belebt, die Strafe zu hoch und vor allem die Besitzer zu mächtig gewesen. Der Kasten wurde um 1150 im Auftrag des Bistums Bamberg, das damals über das obere Lavanttal herrschte, als Burg erbaut. Unterhaltsam lesen sich in den Chroniken die oft seitenlangen Erklärungsversuche für den Namen. Die meisten kommen zu einem überraschenden Schluss, den man mit einem Satz zusammenfassen kann: Waldenstein dürfte sich aus den vorherrschenden örtlichen Gegebenheiten ableiten – die Burg liegt auf einem Felsen im Wald.

Fast 500 Jahre lang hatten hier die Herren Ungnad von Sonnegg das Sagen, zunächst als Lehensträger, später als Besitzer und Betreiber des angrenzenden Bergbaus. 1352 wurde erstmals ein Hammerwerk, ein Verhüttungsbetrieb für Eisenerz, in Waldenstein erwähnt. Das Geschäft lief gut. Im 15. Jahrhundert ließ die Familie die Burg zu einem stattlichen Schloss im gotischen Stil umbauen. Als prominentester Vertreter der Dynastie gilt Hans III. Ungnad von Weißenwolff, Freiherr von Sonnegg. Er lebte von 1493 bis 1564 und verwaltete als Landeshauptmann die Steiermark und das Erzherzogtum Österreich unter der Enns (Niederösterreich). Geschichte geschrieben hat Ungnad aber vor allem als glühender Anhänger von Martin Luther. Schloss Waldenstein wurde durch ihn ab 1520 zu einem Zentrum der Protestanten.

Mit Beginn der Gegenreformation 1557 legte Hans Ungnad, der seinem Glauben nicht abschwören wollte, alle Ämter nieder, verzichtete zugunsten seiner Söhne auf die Besitzungen und zog sich in das deutsche Herzogtum Württemberg zurück. In Urach bei Tübingen betrieb er eine Druckerei, die der Verbreitung der protestantischen Lehre unter anderem in slowenischer und kroatischer Sprache diente. Die vom Prediger Primož Trubar damals angefertigten Übersetzungen von Luthers Schriften waren die ersten slowenischen Bücher. Trubar gilt damit als Schöpfer der slowenischen Schriftsprache, weshalb er seit 2007 die Ein-Euro-Münze seiner Heimat ziert. Als die Druckerei in Urach – vermutlich nach dem Tod Ungnads – aufgelassen wurde, brachte man die Pressen sowie die

Seit Jahren unbewohnt: Schloss Waldenstein

Bühne für Barbarafeiern

lateinischen, kyrillischen und glagolitischen Lettern nach Waldenstein. Ihre Spur verliert sich zur Zeit der napoleonischen Besetzung Kärntens Anfang des 19. Jahrhunderts. Möglicherweise wurde das Inventar von französischen Soldaten erbeutet und nach Paris gebracht.

Im Jänner 1835 – Schloss und Bergbau Waldenstein gehörten mittlerweile dem Wolfsberger Eisenhändler Johann Michael Offner – sollten die alten Mauern noch einmal Schauplatz eines zumindest in Kärnten legendären Vorgangs werden: Josef Rainer von Harbach vertonte hier das Gedicht „Des Kärntners Vaterland" aus der Feder des Poeten Johann Thaurer von Gallenstein. Der Akt war ein reiner Zufall. Offner hatte den Komponisten um einen Beitrag für eine sangesfreudige Gesellschaft gebeten und ihm die Wahl des Textes freigestellt. Rainer griff in der Schlossbibliothek zu einer 1822 erschienenen Ausgabe der Zeitschrift „Carinthia" mit dem besagten Gedicht. Er schuf damit das Kärntner Heimatlied, das sich nach diesem Abend rasch über Waldenstein hinaus verbreitete. 1911 wurde es zur offiziellen Landeshymne erklärt und es ist dies mit kleinen Änderungen bis heute. Die im Original dem österreichischen Kaiserhaus gewidmete vierte Strophe wurde gestrichen, 1930 kam eine neue über die Volksabstimmung dazu.

Es waren aber nicht die schönen Künste, die im 19. Jahrhundert auf Schloss Waldenstein den Ton angaben. Mittlerweile drehte sich das Leben im Graben hauptsächlich um das Bergwerk. 1851 übernahmen die Grafen Henckel von Donnersmarck den Betrieb. Ihre Nachfahren managen beides unter dem Firmennamen „Kärntner Montanindustrie GmbH" bis heute. Die zuletzt unrentable Eisengewinnung wurde 1876 eingestellt, um sich in einem Segment zu spezialisieren, in dem das Unternehmen nun weltweit führend ist. Eisenglimmer, der in den Waldensteiner Stollen abgebaut wird, dient der Herstellung hochwertiger Rostschutzfarben. Mit Produkten auf der Basis des Rohstoffs werden Bohrinseln in der Nordsee und Raffinerien im Nahen Osten genauso gestrichen wie die Bosporus-Brücke in Istanbul und die Harbour Bridge in Sydney.

Im Schloss befanden sich bis ins ausgehende 20. Jahrhundert die aus heutiger Sicht nicht besonders komfortablen Wohnungen einiger Bergmänner. Die Räume verfügten zwar über Strom- und Wasseranschlüsse, waren im Winter jedoch nur schwer zu heizen. Dafür mussten die Mitarbeiter nur einmal „umfallen", um zum wichtigsten Termin des Jahres und von dort wieder nach Hause zu kommen: zur Barbarafeier, die in einem Saal im ersten Stock des Schlosses begangen wurde. Das Fest zu Ehren der Schutzpatronin der Bergleute hat in so gut wie allen Montanunternehmen im Alpenraum Tradition, es findet immer rund um den Barbaratag am 4. Dezember statt. Der Rahmen in den ehrwürdigen Mauern von Waldenstein war stimmungsvoll. Davon zeugen die Bühne mit dem großen Bergmannszeichen (Schlägel und Eisen) im Vorder- und einem Fresko des Schlosses im Hintergrund. Zwei große Theken deuten darauf hin, dass die Geselligkeit nicht zu kurz gekommen ist.

Auf die nächste, aber natürlich ebenfalls versiegte Getränkequelle stoßen wir in einem kleineren Saal, der unmittelbar an die Wohnungen im Nordtrakt grenzt. „Clubraum", steht über der Tür. Rund um diese Theke stiegen wohl die Feiern ohne großen offiziellen Charakter, zuletzt offenbar eine Faschingsparty. Auf dem Boden liegt eine etwas zerbeulte Plastikmaske. Das traurige Gesicht kommt uns bekannt vor. Oliver Hardy, der Dicke neben dem Doofen aus den Stummfilmen? Nein, die Frisur passt nicht. Es ist Max, der Spitzbub mit dem breiteren Gesicht aus „Max und Moritz". Eine schöne, aber vermutlich in dieser Form nicht beabsichtigte Warnung an Einbrecher: Lasst euch das Schicksal der kleinen Schurken aus dem Wilhelm-Busch-Klassiker eine Lehre sein!

Nur ein paar Meter weiter haben Eindringlinge eine Spur der Verwüstung durch einen Raum gezogen, in dem das Bergbauunternehmen alte Akten lagert. Archiv kann

Party-Überbleibsel im „Clubraum"

man das nicht mehr nennen, es ist eher das Schlachtfeld eines sinnlosen Papierkriegs: Dutzende Ordner wurden aus den Regalen gerissen und ausgeleert, der Boden ist mit Unterlagen übersät. Mangels sinnvoller Antworten stellen wir uns nicht die Frage nach dem Warum, sondern suchen lieber nach dem Weg zur Kornettkeusche. So nennt man seit Jahrhunderten eine Zelle im ehemaligen Gefängnistrakt des Schlosses, die Schauplatz des letzten Kapitels einer verhängnisvollen Affäre im 17. Jahrhundert gewesen sein soll.

Hauptdarsteller der dazugehörigen Sage ist der Kornett (Kavallerieoffizier) Peter Eckhart von Peckern. Er war nach Waldenstein gekommen, um seine mit dem Schlossherrn verheiratete Cousine zu besuchen. Der Dame gefiel das sehr, ihrem grimmigen Gemahl allerdings gar nicht. Rasend vor Eifersucht schmiedete der Ritter von Waldenstein einen teuflischen Plan. Er überredete den vermeintlichen Liebhaber seiner Frau zu einem Jagdausflug. Zurück kehrte er aber ohne den Nebenbuhler. Räuber hätten den Kornett erschlagen, berichtete der Schlossherr seiner Gattin. Sie weinte deshalb viele Tränen – ohne zu ahnen, dass Eckhart von ihrem Gatten in das Verlies des Schlosses geworfen worden war. Nur wenige Meter von seiner trauernden Cousine entfernt verhungerte der Mann.

Das Archiv wurde verwüstet.

Mit Blut geschrieben?

Vor seinem Tod biss sich der schuldlos Gefangene einen Finger ab und schrieb mit Blut an die Wand: „O Richter, richte recht! Denn du bist Herr und ich bin Knecht. Wie du wirst richten mich, so wird Gott einst richten dich." Sein Skelett sollte erst Jahrzehnte später gefunden werden. Die Inschrift versuchte man mit Kalk und Farbe zu tilgen – doch nichts, so die Sage, konnte sie überdecken. Tatsächlich sind diese beeindruckenden letzten Worte nach wie vor recht deutlich zu lesen, wie wir im Licht unserer Taschenlampen in der Kornettkeusche feststellen. Auch die in einem Bericht aus dem Jahr 1862 erwähnte „Wandtür" zum Schutz vor einer „Verstümmelung" der Inschrift ist noch vorhanden. Von den in einigen Überlieferungen erwähnten acht Meter dicken Mauern fehlt allerdings jede Spur – sie messen „nur" bis zu eineinhalb Meter.

Hier feierte die Jugend.

Auf dem Rückweg ans Tageslicht stolpern wir – und das ist nun kein billiger Gag – in eine weitere Partylocation. Sprösslinge der im Schloss wohnenden Bergarbeiter haben ein Kellerabteil in eine Art Jugenddisko umgebaut. Mit hobbyarchäologischem Eifer stellen wir fest: Die erste „urkundlich" nachweisbare Feier fand hier 1963 statt. Die Jahreszahl wurde mit Filzstift (nicht mit Blut) auf der Packpapiertapete verewigt, mit der die damaligen Teenager den historischen Mauern einen zeitgemäßeren Anstrich verleihen wollten. Daneben hängen Poster der Popgruppen ABBA, Boney M. und Smokie. Getrunken wurden, wie uns leere Flaschen verraten, Limo und Cola der Marke „Goldana" sowie Wein. Wir üben ein wenig Kopfrechnen. Ergebnis? Die Teenager, die in dieser Disko Spaß hatten, dürften zum Zeitpunkt unseres Besuchs im Schloss, also anno 2016, schon das Pensionsalter erreicht haben.

Das schönste Motiv hat sich der Fotograf fürs Finale aufgehoben. Es ist der Blick auf die imposante Freitreppe. Sie führt vom Hof zum Arkadengang im ersten Stock, dessen sechs Säulen ein klassisches Kreuzgewölbe aus der Renaissance stützen. Endlich ein Hauch von Märchenschloss! Montanindustrie-Betriebsleiter Kassl scheint zu ahnen, was in unseren Köpfen gerade vorgeht. „Wir wünschen uns alle, dass hier wieder einmal Leben einkehrt. Die Besitzer können das aber nicht allein stemmen und von der öffentlichen Hand ist in Kärnten im Moment leider nichts zu erwarten", sagt er. Pläne wurden in den vergangenen Jahren einige geschmiedet. Einmal stand man sogar kurz vor dem Verkauf an einen Investor aus Russland, der aus dem denkmalgeschützten Gebäude ein Hotel machen wollte. „Er hatte schon den Schlüssel. Den haben wir allerdings nach einiger Zeit von der Polizei zurückbekommen, weil man den Herrn in einem anderen Zusammenhang verhaftet hat."

Kassl überlässt es uns, das schwere Tor zuerst zu schließen und dann aufwendig zu verriegeln. Grinsend schnappt er sich den Schlüssel sofort wieder. Woher weiß der Mann bloß von unserer Leidenschaft für alte Kästen?!

LOST PLACE

→ Schloss Waldenstein kann nur von außen besichtigt werden. An die Entstehungsgeschichte des Heimatliedes erinnert ein 1954 von der Kärntner Landsmannschaft aufgestellter und 2002 von der Stadtgemeinde Wolfsberg erneuerter Gedenkstein. Er befindet sich unterhalb des Schlosses direkt an der Packer Bundesstraße (B70) in Waldenstein.

SPITZELOFEN

STEINREICH

Ein verlassener Marmorsteinbruch aus römischer Zeit
bei St. Georgen im Lavanttal beflügelte jahrhundertelang
die Fantasie der Menschen. Restlos erforscht
ist der Lost Place bis heute nicht.

In Kärnten erzählt man sich gerne Steirerwitze. Die folgende Geschichte – mit einem leichtgläubigen Steirer in der Hauptrolle – ist aber nicht erfunden, sondern tatsächlich so passiert: Anno 1885 hörte Anton Deutschmann, ein Bergmann aus der Steiermark, von einer Felswand mit dem Namen Spitzelofen im unteren Lavanttal, um die sich allerlei seltsame Erzählungen rankten. Der nackte Stein sei in Wahrheit ein verwunschenes Schloss, hieß es. Mit unvorstellbaren Reichtümern im Inneren. Deutschmann war von der Vorstellung so angetan, dass er sein ganzes Geld in Dynamit investierte und sich zum Spitzelofen aufmachte. Dort sprengte er einen etwa 3 Meter langen Stollen in den Felsen – und fand natürlich nichts. Der Steirer kehrte pleite wieder heim. Mitgebracht hat er nur ein behördliches Schreiben, das ihm weitere Sprengungen im Lavanttal untersagte.

Für den Wahrheitsgehalt von Deutschmanns Knalleffekt bürgt das deutlich sichtbare Loch. Schatz gab und gibt es aber keinen – außer in den Sagen, die der Volksmund dem Spitzelofen auf dem Steinberg angedichtet hat. Unnötigerweise. Denn die historischen Fakten sind spektakulär

Oben: die Weiheinschrift
Unten: ein „versandfertiger" Marmorblock

genug: Die vermeintlich mysteriöse Location war zur Römerzeit, also vor rund 2000 Jahren, ein intensiv genutzter Steinbruch. Geschätzte 3000 Kubikmeter Marmor haben Sklaven hier unter der Aufsicht von Soldaten aus der Felswand geklopft. Steinbrüche waren im Römischen Reich wegen des großen Profits, den sie abwarfen, meist „verstaatlichte" Betriebe. Den Marmor, den sie lieferten, verwendete man für Skulpturen, Reliefs und verschiedenste Monumentalbauten.

Nach den Römern verging sich – von Deutschmann abgesehen – niemand mehr am Spitzelofen. Dessen abgeschiedene Lage fernab von Siedlungen in 1040 Meter Seehöhe war für eine weitere Nutzung vermutlich zu unattraktiv. Aus heutiger Sicht ein Glücksfall: Die Schrämmspuren in der Wand sind deutlich zu erkennen. Abgebaut hat man den Marmor von oben nach unten, allerdings in horizontalen Schichten. Das Gestein wurde in 40 bis 50 Zentimeter hohen Blöcken herausgearbeitet, die eine Seitenlänge von 4 bis maximal 5 Metern hatten. Als Werkzeuge verwendeten die Sklaven oder die ebenfalls dafür eingesetzten Strafgefangenen Schlägel, Hammer und Keile, alle aus Eisen.

In etwa 12 Meter Höhe ist in der Wand eine Weiheinschrift zu lesen. Sie stammt aus dem 3. Jahrhundert n. Chr. und erwähnt zwei Götter: den Waldgott Silvanus und seinen Kollegen Saxanus, der für Felsen und Steinbrüche zuständig war. Die Inschrift besagt, dass beiden Herren hier ein Heiligtum geweiht ist. Was der Satz genau bedeutet, konnte bis heute nicht geklärt werden. War das Heiligtum eine längst spurlos verschwundene hölzerne Kapelle? Oder galt den Römern, was andere Forscher annehmen, der ganze Steinbruch als Heiligtum? Wir werden es wahrscheinlich nie erfahren. Unterhalb der Inschrift hat später der schatzsuchende Steirer seinen Stollen in den Felsen gesprengt. Um seine Lateinkenntnisse war es wohl nicht zum Besten bestellt.

Als Schutzgötter haben Silvanus und Saxanus schon vorher kläglich versagt. Irgendwann in den 300 Jahren nach dem Anbringen der Inschrift dürfte es einen Überfall auf den Steinbruch und die Holzhäuser, in denen die Soldaten und Sklaven lebten, gegeben haben. Das römische Imperium bröckelte schon an allen Ecken und Enden, die Völkerwanderung war in vollem Gang. Wer die Angreifer waren, ist deshalb nicht bekannt. Es dürfte sich jedenfalls um eine furchterregende Truppe gehandelt haben. Denn die Römer ließen auf der Flucht vor den Angreifern alles stehen und liegen. Darauf deuten nicht nur archäologische Funde hin, sondern auch die augenscheinlich unvollendete Arbeit. Mitten im Steinbruch liegt als schönes Beispiel dafür ein „versandfertiger" Marmorblock.

Nichts mit dem römischen Industriebetrieb hat der Name zu tun, den die Lavanttaler der markanten Felswand später gegeben haben. Spitzelofen soll sich von den Mundartbegriffen „Ofen" (für eine nach Süden ausgerichtete Felswand, die sich unter Sonneneinstrahlung rasch erwärmt) und „Spitz" (für ein spitz zulaufendes Gelände) ableiten. Unsere zeitgemäße und deshalb nicht zutreffende Interpretation: Spitzel steht für Geheimagent und beschreibt die mühsame Suche nach dem Steinbruch. Obwohl wir uns darüber nie öffentlich beschwert haben, wurde kurz vor Erscheinen dieses Buches ein direkt zu diesem Lost Place führender Wanderweg angelegt und ausgeschildert.

LOST PLACE

→ Zum römischen Steinbruch führt nun der *Kulturwanderweg Spitzelofen*. Er beginnt an der Steinberger Straße auf Höhe der Burg Stein (Steinberger Straße 52, 9423 St. Georgen im Lavanttal) in 715 Meter Seehöhe. Hin und zurück beträgt die Gehzeit 2 bis 3 Stunden. Der Spitzelofen ist frei zugänglich. Wer den Stollen näher unter die Lupe nehmen will, sollte eine Taschenlampe mitnehmen. Die Burg befindet sich in Privatbesitz und kann nicht besichtigt werden.

Poollandschaft des „Park Hotel Obelisco" in Opicina bei Triest

ITALIEN

FORT HENSEL UND FORT BEISNER

KRIEGSRELIKTE

Fort Hensel war die mächtigste Festung im Kanaltal. Heute ist die Ruine aus dem Ersten Weltkrieg einsturzgefährdet und ein Tummelplatz für Abenteurer.

Jeder Beifahrer, der auf dem Weg an die Adria kurz nach Tarvis schon einmal gelangweilt aus dem Fenster geschaut hat, kennt die Ruinen. „Eine Burg", freut sich meine Tochter Lucia immer, wenn die imposanten Mauern auf dem Hügel kurz vor Malborghetto auftauchen. Das Bauwerk, das man früher Fort Hensel nannte, war tatsächlich eine Festung, allerdings in den Kriegen des 19. und 20. Jahrhunderts. Die Ruinen sind die mächtigsten Spuren, die der Untergang des alten Europa im heutigen Kanaltal hinterlassen hat.

Fort Hensel war eine sogenannte Talsperre. Die Anlage sollte ein Vorrücken feindlicher Truppen durch das Kanaltal verhindern, das zwischen Coccau und Pontebba ein Teil Österreichs war. Benannt ist sie nach ihrem Erbauer und ersten Verteidiger, Friedrich Hensel. Der Hauptmann leitete noch die Errichtung des Forts der k. k. Armee, als am 14. Mai 1809 französische Truppen „anklopften". Obwohl den nicht einmal 400 Österreichern laut zeitgenössischen Berichten rund 15 000 Franzosen gegenüberstanden, gelang es ihnen, die Festung bis zum 17. Mai zu halten. Hensel kam dabei, wie die meisten seiner Kameraden, ums Leben. Die

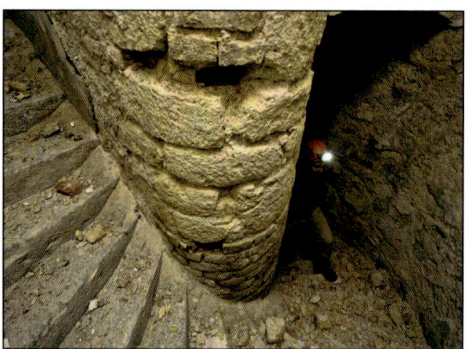 

Die österreichische „Schicksalsburg" Fort Hensel wurde im Ersten Weltkrieg nie eingenommen.

drei Tage, in denen er seine Feinde aufgehalten hatte, sollten aber weitreichende Auswirkungen haben. Das verspätete Eintreffen der französischen Verstärkung führte in der Schlacht bei Aspern östlich von Wien zur ersten Niederlage Napoleons.

Fort Hensel wurde von den Österreichern wegen seiner strategisch günstigen Lage danach wieder auf- und weiter ausgebaut. Zuletzt umkämpft war es im Ersten Weltkrieg. Ab Juni 1915 standen hier einander Italiener und Österreicher gegenüber. Die für 600 Soldaten ausgelegte Anlage war – wieder – hoffnungslos unterbesetzt, hauptsächlich hielten Kärntner Freiwillige Schützen die Stellung. Das Fort wurde von den Italienern regelrecht zersiebt. Im März 1916 gaben die Österreicher die Festung auf. „Eingenommen wurde sie aber nie, die Front im Kanaltal war festgefahren", weiß Andreas Scherer, Leiter des Bunkermuseums auf dem Kärntner Wurzenpass. Mit mehreren Militärhistorikern teilt er die Meinung, dass die italienischen Truppen ohne Fort Hensel damals bis Graz oder gar Wien durchmarschiert wären.

Zum Glück sind die Italiener nicht nachtragend. Sie ließen die Reste des altösterreichischen Forts fortan einfach in Ruhe und überlegen seit 2016 sogar, die Anlage öffentlich zugänglich zu machen. Über das Planungsstadium ist man aber bisher nicht hinausgekommen. Kein Wunder, bei den statischen Herausforderung, die sogar wir als Nicht-Ingenieure bei einer Besichtigung von Fort Hensel sofort erkennen: Die zum Teil meterdicken Mauern und Gewölbe stehen noch, während dünnere Zwischendecken zusammengebrochen sind. Im Stollen, der vom unteren Teil der Festung

Die Mauern von Fort Hensel sind zum Teil meterdick.

rund 50 Höhenmeter hinauf zu den Stellungen auf dem Gipfel führt, bietet sich uns ein ähnliches Bild.

Drinnen wie draußen sollte man auf jeden Schritt achten. Im Waldboden verbergen sich verrostete Eisenstangen, die früher wohl durch einen Stacheldrahtzaun verbunden waren. Dennoch scheint Fort Hensel gut besucht zu sein. Die Wege sind ausgetreten und einige Gewölbe vergleichsweise frisch ausgemalt – mit schwarzer Farbe! „Da sieht man das Blut nicht so", ätzt der Fotograf, bevor er begeistert die strategisch beste Aussicht aus den obersten Fenstern der Anlage festhält. Man hat das ganze Tal im Blick, auch das legendäre Lokal bei den Fischteichen, zu dem vor allem Kärntner in Scharen pilgern. Dazupassend ist ein Stockwerk tiefer ein gut erhaltenes Stehklo zu besichtigen, wie man es bis heute vielerorts in der italienischen Gastronomie findet.

In einem anderen Kanaltaler Fort sind die italienischen Heimatforscher mit ihren musealen Bemühungen weiter. Fort Beisner auf beziehungsweise in einem Hügel bei Ugovizza wird fallweise für ganz legale

Strategisch günstig: Man überblickt das ganze Tal.

Fort Beisner wird heute für Veranstaltungen wie den Besuch der Pechtra Baba genutzt. Das weibliche Gespenst geht - vergleichbar mit Krampus & Co. - um den Jahreswechsel im Kanal- sowie im Kärntner Rosen- und Gailtal um.

Der Hügel ist von kilometerlangen Gängen durchzogen.

Führungen geöffnet. „Der Name dürfte ebenfalls von einem Soldaten in den napoleonischen Kriegen stammen", sagt Anita Pinagli vom Verein LandScapes. Die Gänge, durch die sie uns führt, sind allerdings jüngeren Datums: Im und nach dem Zweiten Weltkrieg haben die Italiener eine mehrstöckige unterirdische Anlage in den Felsen gesprengt. Sie sollte bei einem Angriff das NATO-Hauptquartier für diesen Bereich des italienischen Grenzlands beherbergen.

„Soldaten haben in einem Gebäude vor dem Bunker rund um die Uhr Wache geschoben", weiß Pinagli. Langweiliger geht's nimmer. Die Helfer von LandScapes haben es heute besser. Manchmal veranstalten sie hier sogar Käse- und Weinverkostungen.

LOST PLACES

→ *Fort Hensel* liegt auf dem Hügel über dem Tunnel der Strada Statale Pontebbana (SS13) zwischen Ugovizza und Malborghetto. Vor dem Tunnel (von Österreich kommend) steht auf dem Parkplatz links eine Infotafel über die Festung, auf der anderen Seite erinnert ein unter Kaiser Ferdinand I. errichtetes *Denkmal* an Hensel und seine Kameraden. Von einer Besichtigung des Forts auf eigene Faust wird abgeraten! Einsturzgefahr!

→ *Fort Beisner* an der Via Saisera zwischen Ugovizza und Valbruna ist regelmäßig im Rahmen von Führungen und anderen Veranstaltungen zu besichtigen.
www.landscapesvalcanale.eu

AM RANDE

Den Kampf ums Überleben im Ersten Weltkrieg zeigt der „Parco Tematico della Grande Guerra", eine Mischung aus *Freilichtmuseum* und *Wanderweg*. Das frei zugängliche Gelände befindet sich in einem ehemaligen Frontabschnitt bei Pontebba, den ein Verein so authentisch gestaltet hat, dass man den Eindruck bekommt, die Soldaten hätten ihre Posten erst vor Kurzem verlassen. Der beschilderte Wanderweg beginnt bei einer Infotafel zirka 3 Kilometer nach Pontebba in einer Kurve direkt an der Straße von Pontebba auf das Nassfeld (SP110). Eine Runde dauert mindestens 2 Stunden, teilweise ist der Pfad sehr steil.

Ein im Alpen-Adria-Raum einzigartiges Relikt aus dem Kalten Krieg ist das *Bunkermuseum* auf der Kärntner Seite des Wurzenpasses. Es handelt sich um eine bis 2002 geheime Sperrstellung des österreichischen Bundesheeres. Vom Parkplatz an der Wurzenpass-Bundesstraße (B109) führt ein etwa 300 Meter langer Fußweg zum Museum. Bunkermuseum Wurzenpass, Krainberg 73, 9658 Riegersdorf, *www.bunkermuseum.at*

MOGGESSA DI QUA UND MOGGESSA DI LÀ

EINMAL JENSEITS UND ZURÜCK

Garantiert autofrei und deshalb wohl für immer fernab unserer „Zivilisation": Wer die Ruinen der zwei beim Erdbeben 1976 zerstörten Bergdörfer bei Moggio Udinese sehen will, muss ein kleines Abenteuer zu Fuß auf sich nehmen.

Die Dame ist, höflich geschätzt, bald 70 und fit wie ein Turnschuh. Gut gelaunt marschiert sie mit einem riesigen Korb auf dem Rücken an uns vorbei ins Tal. „Buckelkraxn" sagt man dazu in Österreich. Wir sind mit weitaus leichterem Gepäck aufwärts unterwegs, aber dennoch außer Atem, weshalb wir das fröhliche „Buongiorno!" der Frau nur keuchend erwidern können. Sie grinst und gibt uns beim Vorbeigehen einen guten Rat mit auf den Weg: „Piano, piano!" Langsam, langsam! Immer mit der Ruhe! Wir nicken freundlich und schleppen uns weiter. Als Kraxn und Trägerin außer Hörweite sind, knurrt der Fotograf die Pointe, die kommen musste: „Ich trag sicher nicht ihr Klavier da herauf! Das soll sie selber machen."

Ein solches Piano ist hier wohl noch nie vorbeigekommen. Und das hat vor allem logistische Gründe. Wir sind unterwegs in das ausschließlich zu Fuß erreichbare Dorf Moggessa di Qua. Mindestens eineinhalb Stunden dauert der Anmarsch vom rund 3 Kilometer entfernten Örtchen Moggio Udinese, das an der Autobahn A23 im Canal del Ferro (Eisental) liegt. Die erste Hälfte der Strecke verläuft steil ansteigend entlang eines befestigten

Die Häuser wurden beim Erdbeben 1976 beschädigt und nicht mehr aufgebaut.

Pfades. Teilweise ist er sogar gepflastert, um den Hufen der Maultiere, die einst Waren vom Tal ins Dorf transportiert haben, mehr Halt zu geben.

Nach dem Bewältigen einer Art Passhöhe geht's wieder abwärts – allerdings auf einem Weg, der sich teilweise schon verabschiedet hat: auf Nimmerwiedersehen nach unten in die Schlucht. Vorsichtig balancieren wir bergseitig um die heikelsten abgebrochenen Passagen herum und wundern uns über die Schilder, auf denen die Route als Mountainbike-Trail ausgewiesen ist. Immerhin mit dem Zusatz „Discesa pericolosa" – gefährliche Abfahrt.

Sportlich. Wer in Moggessa di Qua ein Ferienhaus besitzt, muss alle Einkäufe zu Fuß in das Bergdorf transportieren.

Unser Ziel ist eine echte Ghost Town, eine Geisterstadt. Der spektakuläre, aber wissenschaftliche Begriff steht für ein „völlig entsiedeltes Gebiet". Anfang des 20. Jahrhunderts waren in Moggessa di Qua noch etwa 200 Menschen zu Hause. Sie versorgten sich weitgehend selbst und bauten vor allem Gemüse an, das im milden Klima des abgeschiedenen Talkessels besonders gut gedieh. Es gab später sogar Strom- und Wasserleitungen, aber nie eine Straße ins Tal.

1976 sollte dieser Umstand dem damals ohnehin schon sterbenden Dorf – immer mehr junge Menschen hatten es auf der Suche nach Arbeit verlassen – den Todesstoß versetzen. Als am 6. Mai ein verheerendes Erdbeben Friaul-Julisch Venetien erschütterte, wurden auch die meisten Häuser in Moggessa di

Qua zerstört. Ihr Wiederaufbau war wegen der fehlenden Verkehrsanbindung zu teuer oder gar unmöglich. Nun zogen die letzten Einwohner weg, die Siedlung wurde buchstäblich über Nacht zur Ghost town.

Mittlerweile leben hier wieder Menschen – zumindest zeitweise. Nachfahren früherer Dorfbewohner haben eine Handvoll Häuser instand gesetzt und nutzen sie in den Sommermonaten als Feriendomizil. Die Lage hält die Zurückgekehrten fit: Was der eigene Garten nicht hergibt, muss nach wie vor zu Fuß von Moggio heraufgeschleppt werden. Das erklärt die Buckelkraxn der sportlichen Dame, die uns beim Aufstieg über den Weg gelaufen ist. In Moggessa di Qua treffen wir niemanden, die bunten Fensterläden der wenigen intakten Häuser sind fest verschlossen. Wir staunen einsam, dafür umso mehr.

Die zum Großteil schwer beschädigten Wohn- und Wirtschaftsgebäude aus Stein haben bis zu vier Stockwerke. Sie schmiegen sich eng aneinander und bilden lange Häuserzeilen. Einige windschiefe Kamine, die das Erdbeben nicht umgeworfen hat, überragen die meist eingestürzten Dächer. Sie sind, was für die Region typisch ist, außen angebaut und waren der Rauchabzug der Fogolare, der traditionellen offenen Feuerstellen. Was die Bewohner 1976 in den Häusern zurückgelassen haben, liegt noch immer in den Ruinen: Regale mit leeren Flaschen, Teller, eine Pfanne und sogar ein Herd.

Die schmale „Hauptstraße" durch den Ort ist bis auf einen Trampelpfad in der Mitte durchgehend begrünt – eine naturnahe und bis in alle Ewigkeit garantiert autofreie Fußgängerzone. Von ihr zweigen verwinkelte Gassen ab, die oft nur einen Meter breit sind. Wir lassen keine aus, weil der Fotograf noch ein Motiv sucht, von dem er seit Wochen träumt: Auf Wikipedia hat er eine Aufnahme aus Moggessa di Qua entdeckt, die eine mumifizierte Katze zeigt. Leider fehlt von dem Tier, das auf dem Bild wie ein Zombie aussieht, jede Spur. Wahrscheinlich hatte ein Ferienhausbesitzer von dem Kadaver die Nase gestrichen voll.

Kalte Küche

Problemlos erspähen wir dafür die zweite Ghost town: Moggessa di Là liegt auf der gegenüberliegenden Seite der Schlucht, die beiden Dörfern den Namen gegeben hat. Moggessa di Qua heißt auf Deutsch so etwas wie „Klein-Moosach diesseits" und Moggessa di Là „Klein-Moosach jenseits". Zum deutschen Namen

Zwischen den Trümmern tummeln sich die Katzen der Ferienhausbesitzer.

passen die moosbewachsenen Trockenmauern, die unseren Weg vom Dies- ins Jenseitige säumen. Er führt hinunter in die Schlucht und auf der anderen Seite wieder hinauf. Dazwischen überquert man auf einer kleinen steinernen Brücke den Molin-Bach und passiert Mauerreste einer Mühle, die bis 1962 in Betrieb gewesen sein soll.

Moggessa di Là ist weit weniger „lost" als sein Pendant. Hinter der kleinen Kirche, die nach dem Erdbeben wieder aufgebaut wurde, lacht uns erschöpfte Wanderer ein Geländeauto an beziehungsweise aus. Der Ort ist mittlerweile über einen nur für Berechtigte offenen Forstweg aus dem Aupatal erreichbar. Es gibt mehr Ferienhäuser als im Nachbardorf, unterm Strich überwiegen aber die einsturzgefährdeten Ruinen. Das auffälligste Gebäude mit zwei übereinanderliegenden Arkadenreihen befindet sich an der westlichen Siedlungsgrenze und hat auch schon bessere Zeiten gesehen. Es war das Haus eines Handwerkers oder gar mehrerer. Im Erdgeschoß befanden sich Werkstätten, im ersten Stock der Wohnbereich.

Wieder treffen wir keinen Menschen, dafür einige nicht mumifizierte, vielmehr höchst lebendige Katzen. Sie machen einen wohlgenährten Eindruck. Offenbar wird mit dem Geländewagen ausreichend Futter ins Dorf gekarrt. Über Moggessa di Qua geht's zurück ins Tal, vorbei an den Dutzenden Wegkreuzen aus Holz und Stein, die uns schon beim Hinweg aufgefallen sind. Fromm zu sein, hatte hier besonders Tradition. Beide Dörfer wurden im Mittelalter vom damals einflussreichen Kloster San Gallo in Moggio gegründet – wahrscheinlich als wirtschaftlicher Puffer im Hinterland. Die Felder und Speicher im abgeschiedenen Talkessel blieben stets vor den Wirren entlang der belebten Nord-Süd-Route im Tal verschont.

Uns läuft – wenig überraschend – niemand mehr über den Weg. Schade. Wir hätten auf ein neuerliches „Piano, piano!" der Buckelkraxn-Dame gerne wohlwollend genickt, weil wir nun verstehen, was sie meint. Es ist eine Art Passwort für den Zutritt zu ihrer einsamen und für uns mittlerweile so fremden Welt.

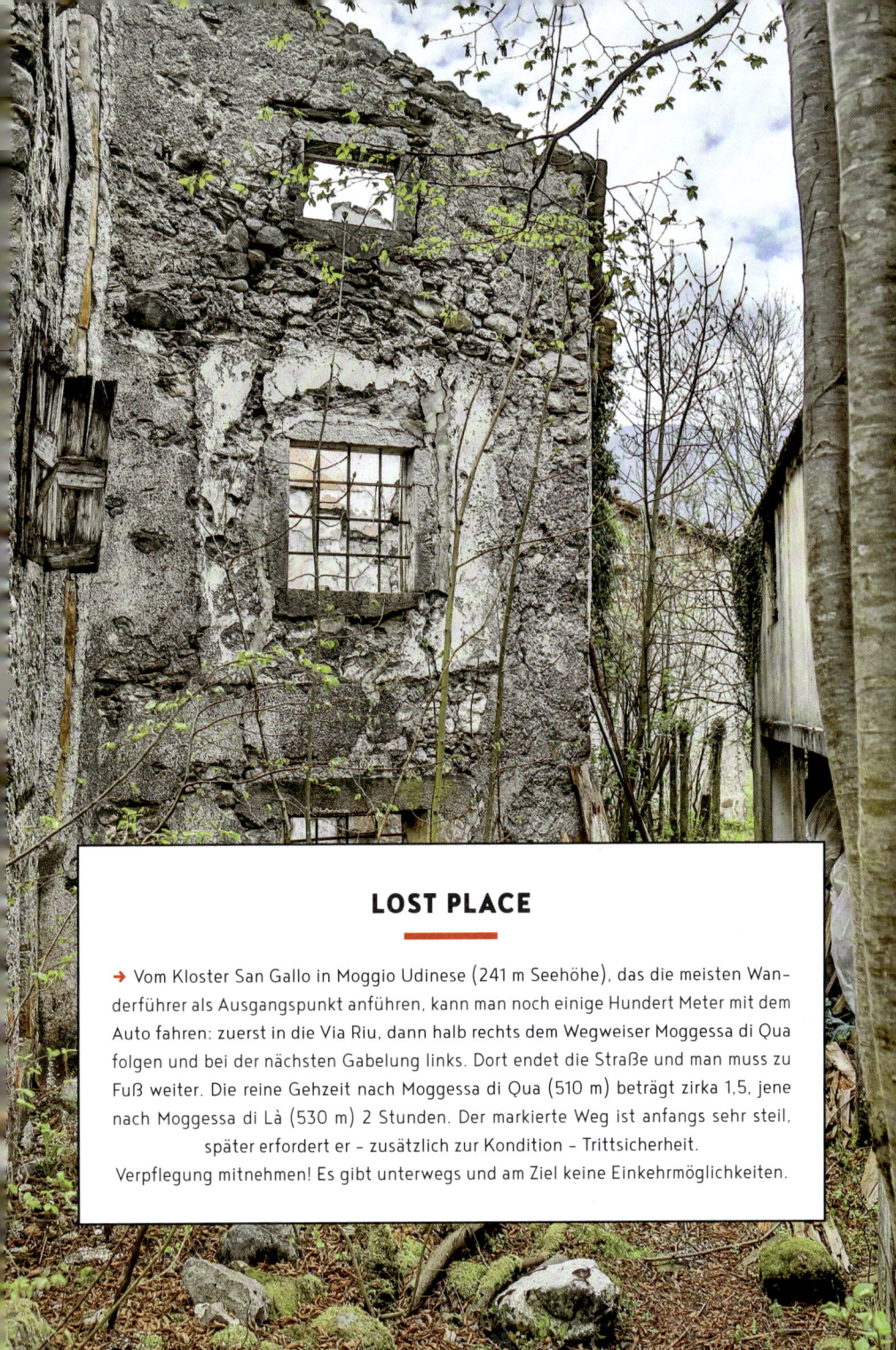

LOST PLACE

→ Vom Kloster San Gallo in Moggio Udinese (241 m Seehöhe), das die meisten Wanderführer als Ausgangspunkt anführen, kann man noch einige Hundert Meter mit dem Auto fahren: zuerst in die Via Riu, dann halb rechts dem Wegweiser Moggessa di Qua folgen und bei der nächsten Gabelung links. Dort endet die Straße und man muss zu Fuß weiter. Die reine Gehzeit nach Moggessa di Qua (510 m) beträgt zirka 1,5, jene nach Moggessa di Là (530 m) 2 Stunden. Der markierte Weg ist anfangs sehr steil, später erfordert er - zusätzlich zur Kondition - Trittsicherheit. Verpflegung mitnehmen! Es gibt unterwegs und am Ziel keine Einkehrmöglichkeiten.

VAJONT-STAUMAUER

TSCHERNOBYL DER WASSERKRAFT

Eine katastrophale Flutwelle aus dem Vajont-Stausee riss 1963 fast 2 000 Menschen in den Tod. Die Folgen des durch menschliche Fehlplanung ausgelösten Unglücks sind bis heute zu sehen.

Vittorio Veneto — ITALIEN

Die vielen Fähnchen flattern aufgeregt im Wind. Sie sind aus Plastik und rascheln im Chor. Wenn man die Augen schließt, hört es sich wie Plätschern an – aber nicht sanft, sondern eher aggressiv. Ob man sich dessen bewusst war, als man die Wimpel als weiteres Zeichen der Erinnerung aufgespannt hat? Wahrscheinlich schon. Und bunt sind sie wohl, um die Fröhlichkeit zu symbolisieren, die am 9. Oktober 1963 für lange Zeit, wenn nicht für immer, aus dem Valle del Vajont, dem Vajont-Tal, verschwunden ist. Hinweggefegt von einer tödlichen Flutwelle.

Am Anfang stand – wie bei den meisten zivilen Katastrophen der Neuzeit – eine große wirtschaftliche Verlockung. Das unmittelbar an der Grenze der Regionen Friaul-Julisch Venetien und Venetien durch besonders steile Berghänge begrenzte Tal schien Geologen und Ingenieuren schon Anfang des 20. Jahrhunderts wie geschaffen für die Errichtung einer Staumauer. Der in den südlichen Karnischen Alpen entspringende Fluss Vajont sollte hier, kurz vor seiner Mündung in den Piave, einen Speichersee bilden. Je größer, desto besser, lautete die Devise. Man benötigte dringend Wasserreserven, um in den trockenen Sommermonaten genug Energie für die rund 100 Kilometer entfernte Stadt Venedig und ihre Industriebetriebe zu erzeugen.

Der Zweite Weltkrieg verzögerte die Planungen, die danach umso rascher und unter großem politischen Druck wieder aufgenommen wurden. Proteste aus der Bevölkerung und Einwände vonseiten der Kontrollbehörden verhallten ungehört. Der Betonklotz zwischen den Berghängen wuchs sogar noch auf 261,6 Meter Höhe statt der anfänglich projektierten 202 Meter. Die Doppelbogenstaumauer war damit nach ihrer Fertigstellung für einige Jahre die höchste der Welt. Auch die Ausmaße des dahinterliegenden Sees, für den Dutzende Wohnhäuser und Felder geopfert werden mussten, übertrafen alle bisherigen Speicher entlang des Piave um ein Vielfaches: Er sollte bis zu 152 Millionen Kubikmeter Wasser fassen. 1950 leitete man die Enteignungsverfahren ein, 1956 erfolgte der Start der Bauarbeiten.

Unmittelbar nach der Katastrophe

Die gigantische Mauer machte keine Probleme, dafür aber der Hang des Monte Toc, der im Süden an den Stausee grenzt. Er war, wie sich bald herausstellte, instabil. Einzelne Geologen erkannten die Gefahr und warnten vor den Folgen, wenn das Projekt in dieser Größe verwirklicht werden sollte. Doch die Elektrizitätsgesellschaft verließ sich auf ihre eigenen beschwichtigenden Gutachten. 1960 war die Mauer fertig, der See füllte sich. Und schon im November desselben Jahres kam es zum ersten Bergsturz, weil das aufgestaute Wasser, wie von einigen Experten befürchtet, das Erdreich im Hang weiter gelockert hatte. Eine rund 700 000 Kubikmeter große Geröllawine krachte in den See.

Weil das Ereignis keinen großen Schaden anrichtete, ignorierten Betreiber und Behörden die nun immer lauteren Warnungen. 1961 gaben die staatlichen Geologen grünes Licht: Der Stausee durfte zur Gänze gefüllt werden. Um das Gelände wieder halbwegs zu stabilisieren, entschied man sich für ein Vorgehen in mehreren Etappen. Die erhoffte Beruhigung des Monte Toc blieb aber aus. Im September 1963 begann sich der Boden erneut zu bewegen, aus dem Berg waren Geräusche zu hören, das Wasser wurde trüber und trüber. Der Stromerzeuger reagierte panisch und begann, den See abzulassen. Das sollte, wie sich später herausstellte, die Katastrophe aber noch beschleunigen. Der Hang am Südufer kam nun erst recht ins Rutschen, bis das Erdreich am 9. Oktober überhaupt nicht mehr standhielt. Um 22.39 Uhr stürzten vom Monte Toc 270 Millionen Kubikmeter Geröll ins Tal.

Von diesem Hang rutschten 270 Millionen Kubikmeter Geröll in den Stausee.

Die Gesteinsmassen schlugen mit 100 Kilometer pro Stunde im Stausee auf und setzten durch ihre Masse beim Aufprall eine Energie frei, die mit der von drei Hiroshima-Atombomben vergleichbar ist. Eine bis zu 170 Meter hohe Flutwelle aus rund 50 Millionen Kubikmeter Wasser stieg auf. Fünf kleinere Siedlungen im Valle del Vajont wurden dadurch buchstäblich ausradiert, die Dörfer Erto und Casso – Letzteres liegt am Gegenhang des Bergrutsches etwa 100 Höhenmeter über (!) der Krone der Staumauer – schwer beschädigt. Etwa 25 Millionen Kubikmeter Wasser und Geröll schwappten über die weitgehend unbeschädigte Mauer hinunter ins Piave-Tal, wo die gewaltige Mure das Städtchen Longarone beinahe zur Gänze zerstörte.

In diesen Minuten starben laut offizieller Zählung 1 910 Menschen. Das zum Katastropheneinsatz beorderte italienische Militär flog die wenigen Überlebenden aus und begann mit der Suche nach den Opfern. Etwa ein Viertel der Toten konnte nie gefunden werden, manche Leichen spülte der Piave bis in die Adria. Obwohl die Justiz sofort Untersuchungen einleitete, dauerte es fünf Jahre, bis den Verantwortlichen der Prozess gemacht wurde. Zehn Personen – Techniker und Manager des Elektrizitätsunternehmens sowie Beamte staatlicher Aufsichtsorgane – wurden schließlich zu mehrjährigen Haftstrafen verurteilt.

Die riesige Staumauer ist stehen geblieben. Aber nicht sie dominiert das Bild, wenn man vom Piave-Tal zu ihr aufblickt. Es ist der noch gigantischere, mittlerweile bewaldete Schuttkegel, den der Erdrutsch hinterlassen hat. Er überragt das Bauwerk bei Weitem. Der Stausee rundherum wurde nie mehr gefüllt. Mit einer Kapelle und mehreren Denkmälern ist er heute ein Ort der Erinnerung an die Opfer der Katastrophe, die man später das „Tschernobyl der Wasserkraft" nennen sollte. Die Stille des Gedenkens hat saisonal unterschiedliche Ausprägungen: Im Sommer marschiert mehrmals täglich eine Touristengruppe durch das Becken und dann auf den Schuttkegel. Es sind geführte Wanderungen mit Guides des Naturparks „Dolomiti Friulane", der das Gelände betreut. Die Ranger erklären den Besuchern dabei vor allem die komplexe Geologie des Tales und die Vorgeschichte des Unglücks von 1963.

Am Ende jeder Tour geht's über die 261,6 Meter hohe, talseitig leicht überhängende Mauer. Mit ihren teilweise abgebröckelten Betonkanten und einigen aus der Konstruktion ragenden Stahlträgern macht sie beim näheren Hinsehen keinen frisch renovierten Eindruck. Jetzt ist klar, warum Personen, die unter Panikattacken oder Höhenangst leiden, offiziell und eindringlich von der Teilnahme an den Führungen abgeraten wird. Auf die 190 Meter lange und 3,4 Meter breite Mauerkrone hat man nach dem Unglück eine Art begehbaren Käfig gesetzt. Das Stahlgitter, aus dem Boden und Seitenwände bestehen, erlaubt beunruhigend tiefe Ein- und

Die Schautafel zeigt den Stausee vor dem Unglück.

Erinnerung an die Opfer

Blick von der Staumauer auf Longarone

Viele Häuser in den damals zerstörten Dörfern stehen leer und/oder zum Verkauf.

Ausblicke. Zusätzlich sind beim Weg über die Mauer zwei kurze „durchsichtige" Treppen zu bewältigen.

Ruinen erinnern ebenfalls an die Katastrophe. Vor allem im 5 Kilometer von der Staumauer entfernten Erto hat man einige durch die Flutwelle zerstörte Steinhäuser nicht weggeschoben, sondern stehen gelassen. Trotz der vielen wiederaufgebauten Häuser scheint das Leben nicht so richtig in das Dorf zurückgefunden zu haben. Die meisten Fensterläden sind geschlossen, es handelt sich offenbar um Feriendomizile. Das vielleicht außergewöhnlichste Mahnmal steht aber im Piave-Tal: der Turm der Kirche San Tomaso bei Longarone. Alle Gebäude in der Umgebung wurden wie das Kirchenschiff von der Mure 1963 weggerissen – nur der Campanile mit Blick auf die Staumauer steht noch da. Ob als erhobener Zeigefinger, Zeichen der Hoffnung oder beides, bleibt offen.

In einem Stahlkäfig kann man die 261,6 Meter hohe Staumauer überqueren.

Die Uhren der Opfer blieben in derselben Minute stehen.

Die nach dem Unglück geborgenen Toten wurden 5 Kilometer südlich von Longarone beerdigt. Bereits am Tag nach dem Unglück hatten Soldaten damit begonnen, auf dem damals freien und vom Murenabgang nicht betroffenen Maisfeld neben dem Dorf Fortogna die ersten Gräber auszuheben. Nur ungefähr die Hälfte der hier Begrabenen konnte zuvor identifiziert werden. Deshalb rückte man beim späteren Ausbau des Friedhofs zu einer nationalen Gedenkstätte 1910 weiße Steine ins Zentrum: Jeder trägt den Namen eines Opfers. Am Eingang des Areals befindet sich ein Museum mit Fundstücken aus den zerstörten Häusern. Gleich mehrere Vitrinen sind voller Uhren, die alle am selben Tag und in derselben Minute stehen geblieben sind: am 9. Oktober 1963 um 22.39 Uhr.

LOST PLACES

→ *Kapelle*, *Schuttberg und Staubecken* am Eingang des Vajont-Tals sind frei zugänglich. Die Zufahrt von Longarone aus ist beschildert, dieselbe Straße führt nach Erto. Das Überqueren der Staumauer ist nur im Rahmen geführter Touren möglich, die im August mehrmals täglich (aber in der Regel nur auf Italienisch) stattfinden. Vereinzelt werden auch außerhalb dieser Zeit Führungen angeboten. Der Naturpark informiert darüber: www.parcodolomitifriulane.it

→ Der Turm der früheren *Kirche San Tomaso* ist in der Via Pirago in Longarone zu finden.

→ Den *Cimitero Monumentale delle Vittime del Vajont* (Friedhof und Gedenkstätte für die Vajont-Opfer mit einem sehenswerten Museum) in Fortogna erreicht man, wenn man über die Strada Statale di Alemagna (SS51) von Longarone zirka 5 Kilometer Richtung Süden nach Belluno fährt. Öffnungszeiten: Mai u. Sep. Sa/So 10-12, 15-17 Uhr, Juni Sa/So 10-12, 15-17 Uhr, Juli Sa/So 9.30-12.30, 15.30-18.30 Uhr, August tägl. 9.30-12.30, 15.30-18.30 Uhr.

VOGELFANGANLAGEN MONTENARS

SCHWEIGEN IM WALD

Dass in Italien Vögel gefangen und verspeist werden, regt auf. Riesenfallen wie im Mittelalter kommen mittlerweile nicht mehr zum Einsatz. Aber es gibt sie noch.

E s ist wohl nur eine Laune der Natur, ein blöder Zufall oder – was aber äußerst unwahrscheinlich klingt – ein Scherz, den sich die Tierwelt soeben mit uns erlaubt. Der Wald schweigt. Wir hören nicht das leiseste Zwitschern. Vermutlich kommt das öfter vor, doch diesmal fällt es uns auf, weil die akustische Leere zum Thema passt. Wir erwandern gerade die mittelalterlichen Vogelfanganlagen, die Roccoli, von Montenars und der Fotograf äußert schmunzelnd den naheliegenden Verdacht als Erster: „Wahrscheinlich haben sie alle aufgegessen."

Grundsätzlich erfreut sich die italienische Küche weltweit größter Beliebtheit. Aber es gibt eine Ausnahme: Nicht überall findet man am Verspeisen von Sing- und Zugvögeln Geschmack. In regelmäßigen Abständen protestieren Tierschützer gegen italienische Traditionen wie Rotkehlchen am Spieß, um nur eines von vielen Gerichten zu nennen. Rechtlich steht die Vogeljagd mittlerweile auf so dünnen Beinchen wie die gefiederte Beute selbst: Nur noch zu gewissen Zeiten ist in gewissen Regionen mit gewissen Mitteln die Jagd auf gewisse Vögel erlaubt. Wilderer scheren sich darum allerdings wenig. Schätzungsweise 5 bis 8 Millionen Vögel werden von ihnen jährlich

Die Besitzer pflegen die Vogelfanganlagen wie früher – allerdings nur mehr zu Anschauungszwecken.

gefangen beziehungsweise einfach vom Himmel geschossen.

Die Vogelfanganlagen von Montenars sind, so viel vorweg, schon lange nicht mehr in Betrieb. Sie werden von Grundbesitzern, dem Verein „Pro Montenars" und der Gemeindeverwaltung als historisches Erbe instand gehalten. Denn das Bergdorf südlich von Gemona galt im Mittelalter als Hochburg der Jagd auf Amsel, Drossel, Fink, Star und andere Kollegen. Allerdings nicht aufgrund der kulinarischen Vorlieben seiner Bewohner, sondern aus geografischen Gründen: Montenars liegt in 472 Meter Seehöhe direkt an einer stark frequentieren Zugvogelroute. Hier wurden die Tiere nicht einzeln gefangen, sondern in Scharen.

Die Roccoli – vier in unterschiedlicher Größe existieren noch – befanden sich alle auf dem Bergrücken oberhalb des Ortes. Sie bestanden aus Bäumen und Hecken, die man entweder rund oder oval zu einem Ring angepflanzt hatte und später so zusammenstutzte, dass sie ein möglichst dichtes Geflecht aus Ästen und Blättern bildeten. Abwechselnd am südlichsten oder nördlichsten Punkt der Anlage wurde ein Turm errichtet, dann spannte man Netze über den Ring. Die dem Bauwerk gegenüberliegende Seite blieb offen: als Einflugschneise für die Zugvögel. Sie wurden von Artgenossen angelockt, die man in Käfigen in die Anlagen gehängt hatte. Wenn es dann im Inneren vor lauter Beute nur mehr so flatterte, schleuderte ein im Turm versteckter menschlicher Vogelfänger eine Raubvogelattrappe möglichst zentriert Richtung Ring. Das versetzte die Zugvögel in Panik, die sich bei ihren Fluchtversuchen sofort in den seitlichen Netzen verhedderten.

Nicht zum Inventar aus dem Mittelalter gehören die Tische und Bänke, die in den vier Roccoli stehen. Auf einem Foto im Internet sind die Tische gedeckt, man sieht Teller. Also doch?! Nein. An einem Wochenende im Juni feiert der Verein „Pro Montenars" in den Vogelfanganlagen immer das Fest „Andar per Roccoli". Aufgetischt werden Spezialitäten aus der Region: Frico, Polenta, Käse, Salami. Sie haben keinen Vogel.

LOST PLACE

→ Die *Roccoli* sind - mit ein wenig Durchhaltevermögen - nicht zu verfehlen. Man fährt auf der Hauptstraße (SP34) durch Montenars und dann immer weiter bergwärts, bis linker Hand eine Infotafel und dahinter die erste Vogelfanganlage auftaucht. Der Wanderweg zu den weiteren ist beschildert, in 1,5 bis 2 Stunden hat man alle besucht.

AM RANDE

Auf dem Weg von Artegna nach Montenars kommt man durch das Dorf San Giorgio, wo sich ein Abstecher zur *Ruine der Burg Rabenstein* (Castello di Ravistagno) lohnt. Von ihrer Existenz berichtete schon der langobardische Chronist Paulus Diaconus im 8. Jahrhundert. Im 16. Jahrhundert wurde die Befestigungsanlage aufgegeben und regelrecht „abgebaut" - Dorfbewohner verwendeten die Überreste als Baumaterial. Was von der Burg geblieben ist, wird seit einigen Jahren von Archäologen konserviert. Die Ruine bietet einen spektakulären Ausblick auf die Ebene. Sie ist frei zugänglich. Man erreicht sie, wenn man von der nach Montenars führenden Hauptstraße in San Giorgio beim Hinweisschild „Castello di Ravistagno" rechts abbiegt. Die letzten Meter sind zu Fuß zurückzulegen. Nicht auf Mauern klettern!

STÄRKEFABRIK CHIOZZA

MIT VOLLDAMPF

Stärke war im 19. und im beginnenden 20. Jahrhundert ein begehrtes Produkt. Die beste kam aus einer mittlerweile stillgelegten Fabrik in Friaul, die ihre Produkte in die ganze Welt exportierte.

Modische Überlegungen sind eher nachrangig, wenn wir uns für einen Lost Place in Schale werfen. Das Schuhwerk muss fest sein und die Kleidung funktional. Spinnweben, Staub und Schutt hinterlassen gerne Spuren. Von anderen Stoffen wie Kohle und Öl ganz zu schweigen. Deshalb wählen wir dafür meist Abgetragenes, das man notfalls anschließend verbrennen kann, ohne ihm lange nachzuweinen. Raffaele Antonio Caltabiano kann mit unserem pragmatischen Ansatz wenig anfangen. Maßschuhe, Anzug, rote Krawatte, dunkler Mantel: So führt uns der stilsichere Italiener durch „seinen" Lost Place, die Amideria Chiozza in Ruda.

Die Mauern der Stärkefabrik hüten eine faszinierende Geschichte, die außerhalb der verschlafenen 1 900-Seelen-Gemeinde südlich von Udine längst vergessen ist. Es ist die Erfolgsstory von Luigi Chiozza. Der 1828 geborene Spross einer Industriellendynastie aus Triest war ein ebenso leidenschaftlicher wie begabter Chemiker. Als 22-Jähriger hätte er von seinem Onkel ein Vermögen erben können. Dafür sollte er aber der Wissenschaft abschwören und ins Management der Familienbetriebe einsteigen. Chiozza verzichtete darauf und trat eine Forschungsreise durch

Etiketten, die nicht mehr zum Einsatz kamen

Europa an. Sie führte ihn unter anderem nach Paris, wo er in Kontakt mit dem Chemiker und Mikrobiologen Louis Pasteur (1822–1895) kam, den wir alle noch aus dem Schulunterricht dunkel in Erinnerung haben. Der Franzose perfektionierte nicht nur das nach ihm benannte und bis heute gebräuchliche Konservierungsverfahren für flüssige Lebensmittel alias Pasteurisierung, sondern fand auch Impfstoffe gegen bis dahin unheilbare Infektionskrankheiten.

1858 verschlug es Chiozza durch die Heirat mit der Tochter einer vornehmen Familie aus dem Ort in das damals österreichische Cervignano del Friuli. Dort setzte er seine Forschungen auf dem Gebiet der organischen Chemie fort. Der Chemiker entwickelte ein Verfahren zur Gewinnung von Stärke (= ital. *amido*) aus Mais und Reis. Es galt als revolutionär: Stärke war im 19. Jahrhundert begehrt, aber die Herstellung ausgesprochen kompliziert. Kein Wunder also, dass der Wissenschaftler 1865 mit seinen „Rezepten" als Basis dann doch noch zum Unternehmer wurde. Im nahen Ruda errichtete er auf den Ruinen einer alten Mühle die Amideria Chiozza.

Sie war weltweit die erste Fabrik, in der man Stärke industriell herstellte – zunächst aus Mais, ab 1872 vor allem aus Reis, der in Friaul zu dem Zeitpunkt noch intensiv angebaut wurde. Von Anfang an gab es eine Vielzahl massentauglicher Endprodukte „made in Ruda": Wäschestärke zum Beispiel, die im 19. Jahrhundert in keinem Haushalt fehlen durfte, und verschiedenste Kosmetikprodukte für die Damenwelt, etwa Puder, Trockenshampoo oder Badekugeln. Die Nachfrage war groß. Der Export boomte, man lieferte in so gut wie alle Länder Europas. Und der Firmenchef avancierte – zumindest in Fachkreisen – zum Star. 1870 besuchte sein Freund Louis Pasteur die Fabrik, 1876 wurde das von Chiozza patentierte Verfahren zur Stärkegewinnung bei der Weltausstellung in Philadelphia ausgezeichnet.

Luigi Chiozza starb 1889. Sein Sohn Giuseppe führte das Unternehmen nicht nur weiter, sondern baute es kräftig aus. Er rüstete die

Das weiße Pulver ist die hergestellte Stärke.

Die Dampfmaschine war bis zur Stilllegung der Fabrik 1986 das „Herz" der Anlage.

Fabrik mit Dampfmaschinen auf, die Jahresproduktion stieg auf bis zu 45 000 Tonnen Stärke. Auf dem insgesamt 4,6 Hektar großen Gelände der Amideria waren zu Spitzenzeiten mehr als 100 Menschen beschäftigt. Man belieferte nun auch die Pharma- und Nahrungsmittelindustrie. Das Geschäft lief – mit kurzen kriegsbedingten Unterbrechungen und wechselnden Eigentümern – bis 1986. Um konkurrenzfähig zu bleiben, wären Investitionen in die zum Teil 100 Jahre alten Anlagen notwendig gewesen, die sich das Unternehmen aber nicht mehr leisten konnte. Der Betrieb wurde eingestellt.

Aus industriearchäologischer Sicht ist die Amideria Chiozza ein Glücksfall: Der Produktionsprozess wurde im Kern seit der Eröffnung Mitte des 19. Jahrhunderts nie wesentlich erneuert. Alle Maschinen stehen bis heute an ihrem Platz. Dass kein „Abverkauf" stattgefunden hat, geht auf das Konto der Gemeinde Ruda, die das Gelände aus der Konkursmasse gekauft hat. Gemeinsam mit dem 2014 gegründeten Verein „Associazione Amideria Chiozza" versucht man, den Verfall der Fabrik in Grenzen zu halten. „Es wäre schön, wenn wir wenigstens einen kleinen Teil irgendwann als Museum öffnen könnten", sagt Raffaele Antonio Caltabiano. Unser Guide mit Stil ist Präsident der Initiative, aber gleichzeitig Realist, weshalb er

Die Halle mit den Heizkesseln diente später als Partyraum.

ergänzt: „Leider fehlt für solche Vorhaben derzeit in ganz Europa das Geld, besonders in Italien."

Die Freunde der Amideria kämpfen nicht nur gegen den Zahn der Zeit, der an der Bausubstanz nagt. Den größten Schaden haben in den vergangenen Jahren ungebetene Gäste angerichtet. Deshalb gleicht das verlassene Fabriksgelände mittlerweile einem Hochsicherheitstrakt und wird sogar videoüberwacht. Wir winken freundlich in die Kamera und folgen dem Vereinspräsidenten, der zum Glück alle Schlüssel und Rechte hat, zum Herzstück der Anlage. „Bis zur Schließung 1986 ist die gesamte Produktion mit dieser Dampfmaschine betrieben worden", erklärt uns Caltabiano vor einem Ungetüm aus Stahl. Stromlos bis 1986? Wir deuten ungläubig auf die Glühbirne an der Decke. „Die im 20. Jahrhundert eingeleitete elektrische Energie hat man nur fürs Licht und andere Kleinigkeiten verwendet. Alles andere ist mit Dampf gelaufen. Ihr werdet später schon noch sehen, warum das Sinn hatte."

Theoretisch, sagt Caltabiano, könnte man die Maschinen sofort wieder anwerfen. Ein Blick in die Halle mit den Heizkesseln der Dampfmaschine erklärt die Einschränkung „theoretisch": Überall liegen Matratzen, an den Wänden hängen zum Teil nicht ganz jugendfreie Poster der italienischen Rockgruppe „Dodi & i Monodi". Dazwischen liegen leere Bierdosen und ein Distortion Pedal (Verzerrer) für eine E-Gitarre. Wir stehen im mittlerweile ebenfalls verlassenen Partyraum jugendlicher Rockfans und überlegen angesichts der Matratzen, ob man hier nur der Liebe zur Musik gefrönt hat. „Auch was nach der Stilllegung der Fabrik passiert ist, gehört zu ihrer Geschichte. Deshalb räumen wir nicht auf", attestiert der Präsident der Associazione dem bunten Durcheinander einen musealen Charakter.

Heimliche Besucher, die Caltabiano weniger schätzt, waren in einem anderen Raum im Erdgeschoß am Werk. Seine Wände sind voller Vorrichtungen, auf denen früher, sauber geordnet,

Lederriemen übertrugen die Kraft zwischen Zahnrädern und Kurbelwellen.

Werkzeug lag oder hing. Bis auf zwei einsame, verrostete Schraubenschlüssel gibt es allerdings keine Zeitzeugen mehr. „Souvenirjäger haben die Werkstatt geplündert", knurrt Caltabiano, der uns nun in die oberen Stockwerke führt. Dort befinden sich die Hallen mit den riesigen Holzbottichen, in denen dem Reis die Stärke abgerungen wurde. Das gelang durch wiederholtes Einweichen in bestimmten Laugen und ständiges Rühren. Ein zunächst verwirrendes, aber bei näherem Hinsehen logisches Gewirr von Lederriemen an der Decke spannt sich von den Zahnrädern der überdimensionalen Mixer zu einer Art Baum aus Kurbelwellen. Untereinander durch weitere wahrscheinlich kilometerlange Riemen verbunden, dienten sie der Verteilung der Kraft aus der Dampfmaschine über alle Etagen und durch alle Räume.

Nun ist uns klar, was der unschlagbare Vorteil dieser spektakulären „offenen Verkabelung" war. Pannen konnten sofort entdeckt und – zum Beispiel durch den Tausch eines Riemens oder einer Welle – schnell behoben werden. Bei zeitgemäßen elektrischen oder gar elektronischen, computergesteuerten Anlagen ist das ein vergleichsweise komplizierter und langwieriger Prozess. Ebenso simpel, aber ausgeklügelt erfolgte der Transport der Stärke im späteren Verlauf des Produktionsprozesses vom letzten Bottich weiter zur Trocknung und später zur Verpackung. In kleinen Förderwagen, wie man sie aus dem Bergbau kennt, ging's quer durch die Fabrik. Das verzweigte Schienennetz mit vielen Weichen erstreckte

Raffaele Antonio Caltabiano ist Präsident der „Associazione Amideria Chiozza".

sich über mehrere Stockwerke. Sie waren mit Transportliften verbunden, die ebenfalls mit der Kraft der Dampfmaschine liefen.

Für die Stärke selbst scheinen sich die Souvenirjäger nicht zu interessieren. In der Halle, in der sie früher zu Kosmetikprodukten verarbeitet wurde, liegt das weiße Pulver noch tonnenweise herum. Perfekte Voraussetzungen für einen Museumsbetrieb. Caltabiano stimmt zu und seufzt: „Ja. Aber im Moment fehlen uns zum Teil sogar die Mittel, um das Dach der Fabrik halbwegs dicht zu halten." Während er sich später draußen Staub und Stärke vom edlen Mantel klopft, fragen wir vorsichtig nach den Gründen für sein Engagement. Man könnte seine Freizeit ja auch mit Golfspielen verbringen, um ein Beispiel zu nennen, das zu seinem Outfit besser passen würde. Caltabiano lacht. „Ich bin von Beruf Techniker und hier in der Gegend zu Hause. Das war eine Fabrik von Weltruf. Ihre Geschichte sollte nicht in Vergessenheit geraten. Dafür setzt sich unser Verein mit Leidenschaft ein." Er macht eine kurze Pause, lässt vom Mantel ab, der einfach nicht sauber werden will, und fasst es – vielleicht mehr für sich als für uns – noch einmal in einem Wort zusammen: „Leidenschaft."

Der Transport der Stärke erfolgte über das kilometerlange interne Schienennetz.

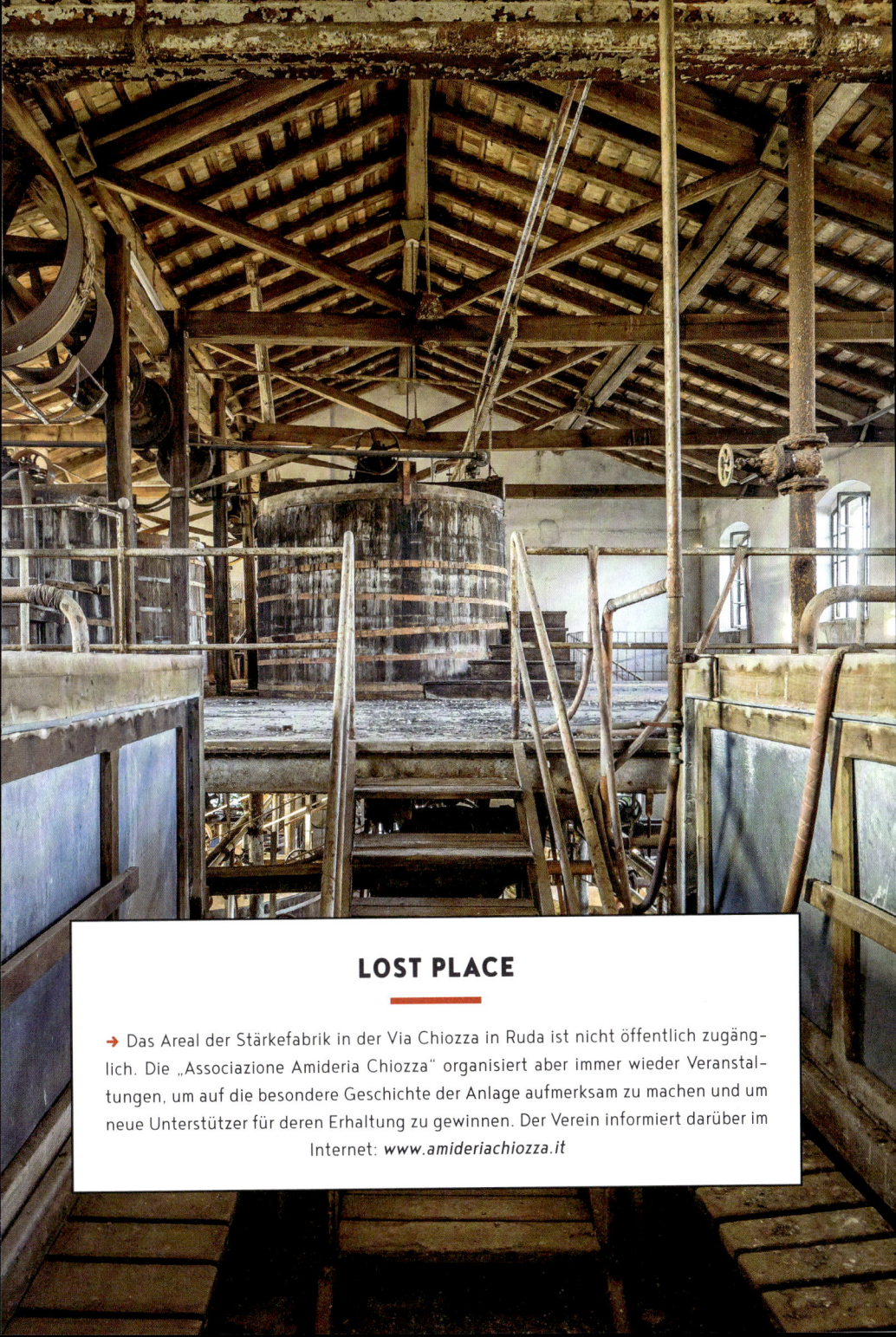

LOST PLACE

→ Das Areal der Stärkefabrik in der Via Chiozza in Ruda ist nicht öffentlich zugänglich. Die „Associazione Amideria Chiozza" organisiert aber immer wieder Veranstaltungen, um auf die besondere Geschichte der Anlage aufmerksam zu machen und um neue Unterstützer für deren Erhaltung zu gewinnen. Der Verein informiert darüber im Internet: *www.amideriachiozza.it*

BASEBALLSTADION PROSECCO

DER VERBLASSTE DIAMANT

Einst Austragungsort einer Europameisterschaft, heute gesperrt und verwüstet: Im Baseballstadion von Prosecco bei Triest lässt nur mehr der Wind manchmal einen gespenstisch einsamen Applaus aufkommen.

Als interessierte Nachbarn wissen wir natürlich, welche Sportarten in Italien besonders beliebt sind. Ein Blick in die Geschichte der in Mailand erscheinenden legendären rosa Tageszeitung „La Gazzetta dello Sport" erhärtet den Verdacht. Das zweitälteste Sportblatt der Welt entstand 1896 durch eine Fusion der Publikationen „La tripletta" (Drei Tore) und „Il ciclista" (Der Radfahrer). Italiener stehen also auf Fußball, Radsport und – was 1896 noch nicht absehbar war, aber im Zentralorgan der Fans mittlerweile seitenweise nachzulesen ist – Formel 1.

In Triest kommt (oder besser: kam) eine Leidenschaft dazu, die den österreichischen Beobachter durchaus überrascht: Baseball. Das Schlagballspiel war ein Direktimport aus den USA. Vom Ende des Zweiten Weltkriegs 1945 bis zur endgültigen Aufteilung der Region zwischen Italien und Jugoslawien 1954 waren in der Hafenstadt bis zu 5 000 amerikanische Soldaten stationiert. Sie frönten in der Freizeit auch hier ihrem Nationalsport. Der Funke sprang schnell auf die einheimische Bevölkerung über, mehrere Klubs entstanden.

Das Stadion wurde 2005 behördlich gesperrt.

1979 durfte sich Triest dann sogar „Europäische Baseball-Hauptstadt" nennen. Um 600 Millionen Lire (309 000 Euro) war am Rande des Dorfs Prosecco nördlich der Metropole ein neues Stadion für die Sportart entstanden, wo in jenem Jahr zur Eröffnung die Baseball-Europameisterschaft ausgetragen wurde. Sie endete mit einem Heimsieg. Die Gastgeber schlugen im Endspiel ihren damaligen Erzrivalen, die Niederlande. Wer – unabhängig von der Sportart – italienische Fans schon einmal live erleben durfte, kann sich vorstellen, was das für ein Trara war.

Fans gaben dem Stadion den Spitznamen „Diamante", der eine Anspielung auf das innere der beiden Spielfelder beim Baseball ist. Es hat von oben betrachtet immer die Form einer Raute, also eines Diamanten. In den USA heißt das Feld „Diamond". Darin, und spätestens jetzt werden Sie den Sport halbwegs vor Augen haben, stehen sich die Schlüsselspieler der gegnerischen Mannschaften gegenüber: Der eine muss den Ball werfen, der andere mit dem Schläger treffen.

Echte Diamanten gelten als unzerstörbar. Auf das Diamante-Stadion trifft das leider nicht zu. 2005 wurde es aufgrund von Sicherheitsmängeln behördlich gesperrt. Sie betrafen vor allem die in die Jahre gekommenen Tribünen aus Beton, die bei ausverkauften Spielen mehr als 1 000 Besuchern Platz geboten hatten. Geworfen und geschlagen wird hier nur noch mit Gegenständen. Vandalen haben das Areal nicht nur deutlich sicht-,

Das Innere der Sprecherkabine zeugt von regelmäßigen „Besuchen".

sondern sogar hörbar zerstört. Ein schon von Weitem vernehmbares Klappern entpuppt sich als Schalter, der an einem Kabel aus dem eingeschlagenen Fenster der Stadionsprecherkabine baumelt. Er schaukelt im Wind wie ein Pendel und klatscht dabei immer wieder an die Wand. Ein gespenstischer letzter Applaus.

Die Sportler und Vereinsfunktionäre dürften 2005 mit einem raschen Comeback ihrer Spielstätte gerechnet haben. Sie räumten damals weder Kabinen noch Aufenthaltsräume aus. Ein fataler Fehler. Was beweglich war, wurde schließlich von Eindringlingen so zertrümmert und zerfleddert wie der Traum, hier noch einmal Baseball zu spielen. Auf dem ganzen Areal stolpert man über nie verkaufte Tickets, Pokale, Mannschaftsfotos und Spielkarten mit Symbolcharakter. Einige tragen das Logo „Sport Trieste", andere stammen aus der italienischen Variante des legendären Brettspiels „Risiko".

Im angrenzenden und ebenfalls verlassenen Gebäude war die „Baseball and Softball International School" untergebracht, eine Art Nachwuchsakademie. Sie verfügte über Büros, Konferenzräume, Gästezimmer, Kantine und Küche. Die Einrichtung ist, wie im Stadion, völlig verwüstet. Im Erdgeschoß steht eine lebensgroße

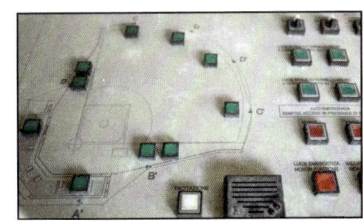

Funktioniert das Steuerpult der Flutlichtanlage noch?

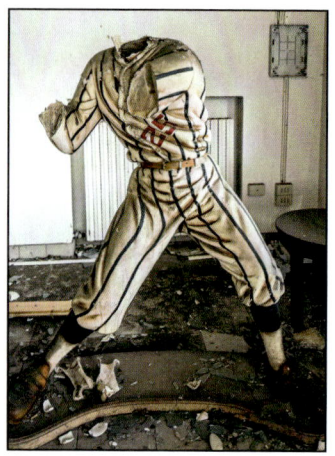

Rund um die lebensgroße, aber kopflose Spielerstatue liegen und stehen Trophäen des Klubs.

Figur, die ursprünglich einen Baseballspieler mit Schläger dargestellt hat. Nun fehlen ihm der Kopf und beide Arme – „amputiert" von Zerstörungswütigen.

Draußen fällt uns ein Seil auf. Es baumelt von einer so gut wie unerreichbaren Leiter, die bis an die Spitze eines rostigen Mastens der Flutlichtanlage führt, zu Boden. Der Fotograf sieht meinen Blick und winkt ab. Pragmatisch verweist er auf den Stand der Sonne: „Gegenlicht. Das zahlt sich nicht aus." Ums Auszahlen geht es auch in der Diskussion um die Renovierung des Stadions, das sich im Besitz der öffentlichen Hand befindet. Lokalpolitiker versprechen zwar seit Jahren, dass sie sich dafür einsetzen wollen. Passiert ist jedoch – wenig überraschend – nichts. Es scheint laut Medienberichten an den in Italien meist komplexen behördlichen Zuständigkeiten zu scheitern, die sich auf Kommune, Provinz, Region und Zentralregierung verteilen.

Örtliche Vereine machen immer wieder darauf aufmerksam. Aber ihre Hoffnung sinkt, während der Frust steigt, wie aus einem 2016 im Internet veröffentlichten Appell an die Politik herauszulesen ist: „Ein voll funktionsfähiger Komplex wurde für Sportler geschlossen – und für Diebe und Plünderer geöffnet."

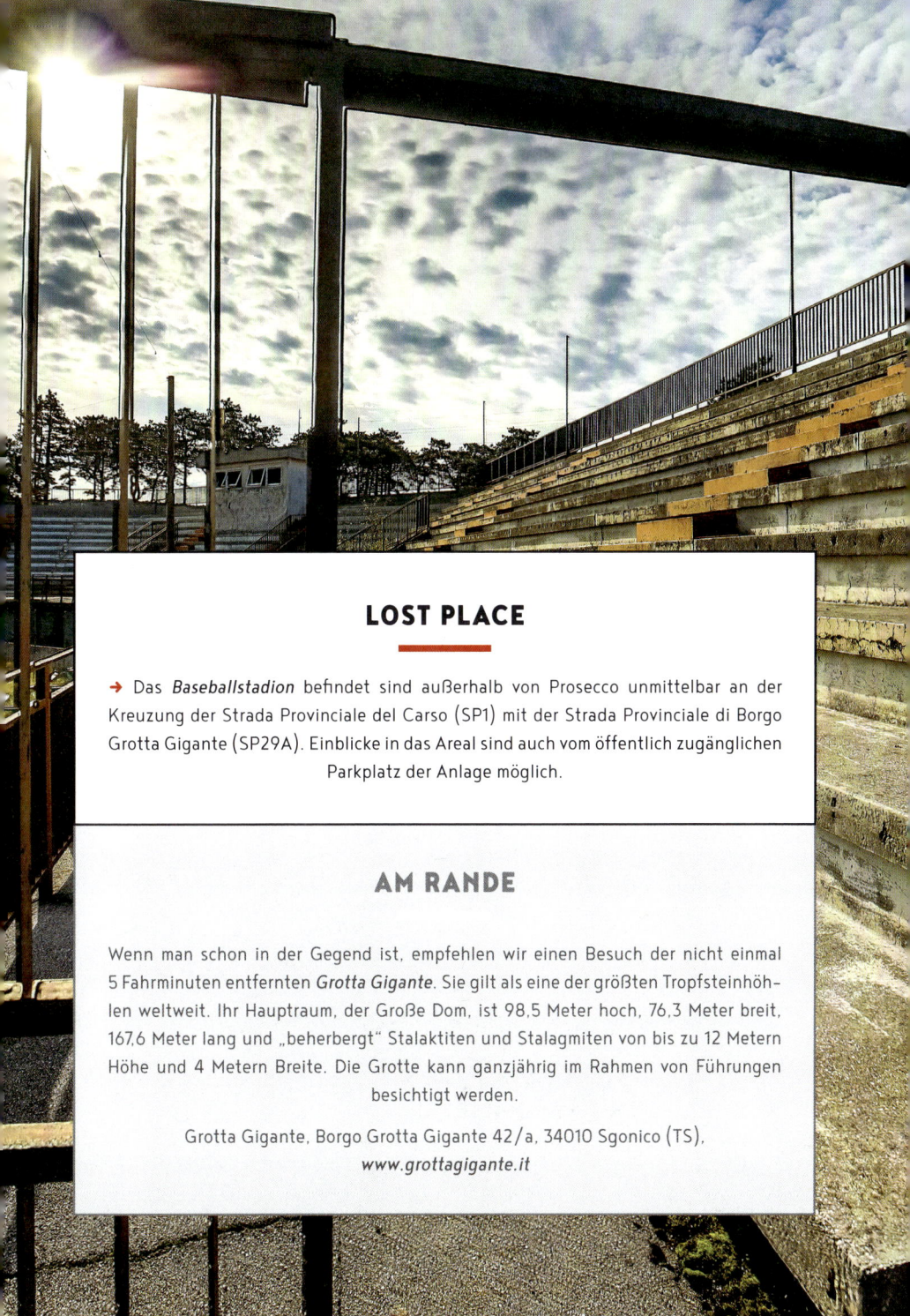

LOST PLACE

→ Das *Baseballstadion* befindet sind außerhalb von Prosecco unmittelbar an der Kreuzung der Strada Provinciale del Carso (SP1) mit der Strada Provinciale di Borgo Grotta Gigante (SP29A). Einblicke in das Areal sind auch vom öffentlich zugänglichen Parkplatz der Anlage möglich.

AM RANDE

Wenn man schon in der Gegend ist, empfehlen wir einen Besuch der nicht einmal 5 Fahrminuten entfernten *Grotta Gigante*. Sie gilt als eine der größten Tropfsteinhöhlen weltweit. Ihr Hauptraum, der Große Dom, ist 98,5 Meter hoch, 76,3 Meter breit, 167,6 Meter lang und „beherbergt" Stalaktiten und Stalagmiten von bis zu 12 Metern Höhe und 4 Metern Breite. Die Grotte kann ganzjährig im Rahmen von Führungen besichtigt werden.

Grotta Gigante, Borgo Grotta Gigante 42/a, 34010 Sgonico (TS),
www.grottagigante.it

STRADA NAPOLEONICA

VERFAHREN

Einst Parkhotel, nun Dschungelcamp: Eine spektakuläre historische Straße mit einem atemberaubenden Ausblick führt in Triest zu einem Freibad, um das man besser einen Bogen machen sollte.

Wenn schon, denn schon: Die Strada Napoleonica hat nicht nur einen klingenden Namen, sondern zählt auch zu den schönsten unvollendeten Verkehrsverbindungen Europas. Ursprünglich stand sie gar nicht auf unserer Liste, doch dann haben wir uns – allen Ernstes – verfahren. Glück im Unglück quasi.

Ihren Namen hat die Straße, wie unschwer zu erraten ist, von den Franzosen, die Triest zwischen 1797 und 1813 insgesamt drei Mal überfallen und besetzt haben. Sie hatten die Idee, das Karstdorf Prosecco direkt mit dem Triester Vorort Opicina zu verbinden. Die Straße sollte vor allem der schnelleren Verlagerung von Truppen dienen. Gesagt, getan, gescheitert. Die Franzosen, die mit viel Elan in dem steilen, felsigen Gelände an die Arbeit gegangen waren, gaben ob der Komplexität ihres Vorhabens wieder auf. Wahrscheinlich sahen sie ihren Sprengstoff fehlinvestiert.

Verlängert, aber letztlich nie vollendet wurde die Straße erst ab 1821, als Triest längst wieder unter österreichischer Herrschaft war. In einen bergseitigen Felsen meißelte man stolz das Wappen von Kaiser Franz I., darunter steht – natürlich kleiner – der Name des ausführenden Architekten

Die in den Fels gesprengte Straße bietet einen atemberaubenden Ausblick auf Triest.

Jacob Vicentinius (eigentlich Giacomo Vicentini). Er hat Großes geleistet: Die Aussicht auf den zirka 250 Meter unter uns liegenden Golf von Triest ist gewaltig. Kein Wunder, dass sich in den fast senkrechten Felswänden links und rechts der Straße so gerne Sportkletterer tummeln.

Fahren kann und darf auf der Strada Napoleonica heute niemand mehr – sie ist offiziell als „Panoramaweg" ausgeschildert. Dieser endet nach rund 4 Kilometern in Opicina beim Obelisken, den die Kaufmannschaft zu Ehren von Franz I. gestiftet hat. Dem Kaiser, der uns an diesem Tag schon als Wappen im Fels begegnet ist, wollte man damit für den Bau der nach wie vor hier vorbeiführenden Strada Nuova per Opicina danken, die Triest ab 1830 mit Laibach und in weiterer Folge mit Österreich verband.

Der Obelisk ist für sein Alter gut in Schuss, was man von dem nach ihm benannten „Park Hotel Obelisco" auf der anderen Straßenseite nicht behaupten kann. „Oberlostig", formuliert es der Fotograf salopp in seinem Kärntner Englisch. Journalistenkollege Emilio aus Triest erzählt uns später, dass

Wappen von Kaiser Franz I.

Die betonierte Badelandschaft des „Park Hotel Obelisco" wächst wieder langsam zu.

das Gebäude seit 1985 leer steht. Zuvor galt es mehr als 150 Jahre lang als eine der ersten Adressen der Stadt. Auf der Terrasse mit einem Ausblick wie auf der Strada Napoleonica wurden rauschende Feste gefeiert. Im angrenzenden etwa 6 Hektar großen Park spielten die Gäste Tennis oder plantschten im Pool.

Das Tor zur Grünanlage steht sperrangelweit offen – wir scheinen einen echten Glückstag zu haben. Der Park hat sich mittlerweile in einen Urwald verwandelt. Umgestürzte Bäume verlegen den gerade noch erkennbaren Weg, auf dem ein einsamer Turnschuh liegt. Offenbar handelt es sich um ein echtes Naturprodukt – er ist mit Moos überzogen. Rund um den Pool, in dem etwa einen halben Meter hoch eine undefinierbare braune Brühe schwimmt, stehen trapezförmige, nach allen Seiten hin offene Betonkonstruktionen. Wie bei der Bar und den Umkleidekabinen haben sich schon unzählige fleißige Sprayer am grauen Beton abgearbeitet.

Wir suchen einen Rückweg, der am Hotel vorbeiführt. Durch ein Fenster entdeckt der Fotograf einen Wäscheständer,

„Famooses" Schuhwerk

auf dem ein Schlafsack hängt. Offenbar sind im „Park Hotel Obelisco" doch nicht alle Zimmer frei. Nun ist der Zeitpunkt gekommen, um die Aktion abzubrechen. Wir wollen unser Glück nicht überstrapazieren und sind mit ein paar schnellen Schritten wieder draußen im Triest aus der Tourismuswerbung.

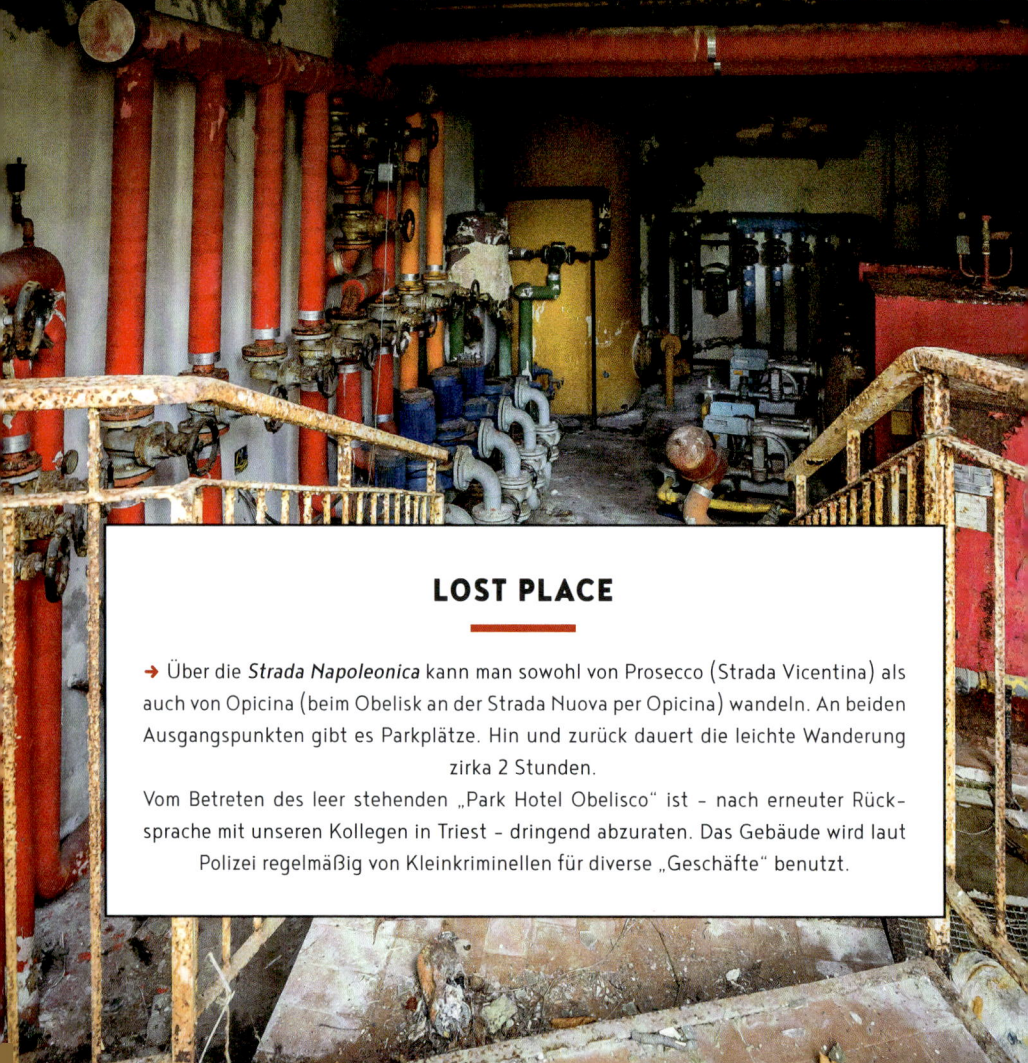

LOST PLACE

→ Über die *Strada Napoleonica* kann man sowohl von Prosecco (Strada Vicentina) als auch von Opicina (beim Obelisk an der Strada Nuova per Opicina) wandeln. An beiden Ausgangspunkten gibt es Parkplätze. Hin und zurück dauert die leichte Wanderung zirka 2 Stunden.

Vom Betreten des leer stehenden „Park Hotel Obelisco" ist - nach erneuter Rücksprache mit unseren Kollegen in Triest - dringend abzuraten. Das Gebäude wird laut Polizei regelmäßig von Kleinkriminellen für diverse „Geschäfte" benutzt.

AM RANDE

Wer den Betonklotz, der Triest weithin sichtbar überragt, schon immer einmal aus der Nähe sehen wollte, nimmt eine der vielen beschilderten Abzweigungen, die von der Strada Napoleonica weiter auf den Hügel zur Wallfahrtskirche *Santuario di Monte Grisa* führen. Das gigantische Gotteshaus wurde von 1963 bis 1966 erbaut. Grund für die Errichtung war ein Gelöbnis, das der Bischof von Triest 1945 geleistet hatte: Wenn die Stadt im Zweiten Weltkrieg von der Zerstörung verschont bliebe, sollte eine neue Kirche zu Ehren der Muttergottes gebaut werden.

Sowohl vom meerseitigen Vorplatz der Kirche als auch von der Strada Napoleonica hat man einen schönen Blick auf den Hafen von der Triest, der von der Mitte des 17. Jahrhunderts bis zum Ende der Donaumonarchie das wichtigste Handelszentrum im Adriaraum war. Seit neue Anlagen im Süden in Betrieb gegangen sind, liegt der *Porto Vecchio*, der alte Hafen, hinter dem Bahnhof brach. Trotz unzähliger Revitalisierungsprojekte ist nur in wenige Lagerhäuser neues Leben eingekehrt. Einige sind renoviert worden, die Mehrheit wartet aber noch darauf. Das Gelände ist nur zum Teil frei zugänglich. Weil sich die gesperrten Bereiche laufend ändern, versucht man es, ausgehend vom Bahnhof, am besten auf gut Glück - idealerweise mit dem Auto, da das Gelände sehr weitläufig ist. Unser Tipp: Halten Sie sich an Einheimische, die mit ihren Familien zum Fischen ans Meer unterwegs sind! Die Triestiner wissen genau, wo man geduldet wird und wo nicht. Beachten Sie Absperrungen sowie Warnhinweise und betreten Sie keine leer stehenden Gebäude!

Auf der Gefängnisinsel Goli Otok waren zwischen 1949 und 1988 Tausende Menschen inhaftiert.

BERGWERK MEŽICA

LIMBO-DANCE

Allein in einem 1 000 Kilometer langen Labyrinth aus teilweise gefluteten Stollen: Wer das stillgelegte Bergwerk von Mežica mit dem Kanu erkunden will, braucht gute Nerven.

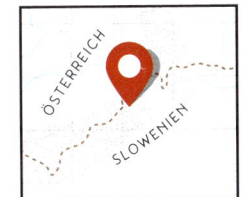

Der Fotograf steht wie das Kamel vorm Nadelöhr. „Da hinein?", fragt er und deutet auf den Mini-Güterwagen aus Holz. „Ja. Da hinein", sagt unser Guide Marko Kuzman. Er grinst und ergänzt: „Wir wollen unseren Besuchern ein möglichst authentisches Erlebnis bieten. Mit diesem Zug sind die Kumpel früher ins Bergwerk eingefahren." Seit 1994 wird in den Stollen nicht mehr im klassischen Sinn „gearbeitet". Der Abbau von Blei und Zink in der nordslowenischen Grenzgemeinde Mežica steht still – nach 300 Jahren, in denen man hier 19 Millionen Tonnen Erz gefördert hat.

Dafür wurde im Lauf der Zeit ein mehr als 1 000 Kilometer langes Stollenlabyrinth ins Petzengebirge gesprengt. Es soll, wie man sich erzählt, Einheimischen nebenbei private Wege erleichtert haben: Wenn es regnete, schneite oder wenn man wusste, dass der Weg von A nach B durch die Mine kürzer ist, nahmen Ortskundige die unterirdische Abkürzung. Beruflich ging hier ohnehin fast jeder ein und aus. Der Betrieb hatte bis zu 2 000 Beschäftigte. Übrig geblieben sind Marko und ein paar Kollegen, die einen weltweit einzigartigen Job haben: Sie führen entweder

Zu den gefluteten Stollen geht's mit einer Mini-Eisenbahn, die Abenteuerlustige 3,5 Kilometer tief in den Berg bringt.

Mountainbiketouren durch die alten Stollen oder paddeln mit mutigen Freiwilligen im Schlepptau durch geflutete Teile des Bergwerks. Das Wasser hat man nicht extra eingelassen – es drückt von allein in die tiefer gelegenen Gänge. Früher wurde es abgepumpt, nun bildet es unterirdische Flüsse und einen See.

„Platzangst" habe noch keiner bekommen, beteuert Marko. Klar. Klaustrophobe Besucher schaffen es nicht bis zum Wasser. Sie quittieren das Abenteuer schon beim Einsteigen in die „authentischen" Mini-Waggons, mit denen es 3,5 Kilometer in den Berg geht. Drinnen dient ein Seitenstollen als Umkleidekabine. Während wir uns in die bereitgelegten grünen Neoprenanzüge quetschen, erzählt Marko, dass in diesem Bereich des Bergwerks immer wieder wunderschöne Wulfenitstufen entdeckt werden. Mežica gilt unter Sammlern als Europas heißester Tipp, wenn es um dieses relativ seltene Mineral geht, dessen Farbe überwiegend zwischen Gelb, Orange und Rot changiert. Benannt wurde es nach dem berühmten Kärntner Naturforscher Franz Xaver Freiherr von Wulfen, der das Element 1785 in Bad Bleiberg entdeckt hat.

Acht bis zehn Grad hat das Wasser, in das wir steigen. Es steht uns bis knapp über dem Bauch. Ich frage Marko, ob es noch tiefer werden kann. „Von dieser Ebene aus gibt es Schächte, die bis zu 190 Meter tief sind", erklärt er, und um uns umgehend zu beruhigen: „Wir bleiben heute aber im seichten Bereich." Gegen die überraschend starke Strömung schieben wir die Kanus in den sanfteren Bereich des gefluteten Bergwerks. Dort lässt uns der Guide frei. „Paddelt einfach los! Ich habe noch jeden wiedergefunden." Vorsichtshalber bleiben wir doch in Markos Nähe, fragen aber wenig, weil wir aus dem Schauen nicht herauskommen. Die in den Fels gesprengten Gänge weiten sich immer wieder zu Hallen, in denen sich das Licht unserer

Stirnlampen verliert. Sie sollen bis zu 100 Meter hoch sein. Dann werden die Stollen plötzlich wieder so niedrig, dass man sie nur im Boot liegend passieren kann. „Limbo-Dance", scherzt der Fotograf im Dunkeln, während mein Helm an der Decke kratzt. Die kleinen Steine, die sich dabei lösen, schlagen mit einem beunruhigenden Geräusch auf dem Plastikboden des Kanus auf.

Irgendwann hat uns Marko wieder alle eingesammelt. Der mit den Booten befahrbare Bereich dürfte wohl wesentlich kleiner sein, als er auf uns Nicht-Bergmänner wirkt. Orientierung und Zeitgefühl haben wir in der Dunkelheit längst verloren, aber den Geruchssinn nicht. Was uns der ehemalige Bergmann lachend als „Wasser" anbietet, ist sofort als Schnaps enttarnt. Trotzdem nimmt jeder einen dezenten Schluck. Für die Nerven. Weil es gar so authentisch war.

LOST PLACE

→ Kanu- und Mountainbiketouren durch das aufgelassene Bergwerk von Mežica sind nur nach Voranmeldung möglich.

→ Für weniger abenteuerlustige, aber dennoch interessierte Besucher gibt es ein Schaubergwerk und ein „klassisches" Museum, das den Alltag der Bergleute schildert, aber auch Mineralien und ganz besonders Wulfenite zeigt. Die Öffnungszeiten sind saisonal unterschiedlich, weshalb man sich am besten im Internet informiert.
Podzemlje Pece, Glančnik 8, 2392 Mežica, www.podzemljepece.com/de

BEŽIGRAD-STADION

IM ABSEITS

Jeder Besucher Ljubljanas bewundert die grandiosen Bauten des legendären Architekten Jože Plečnik. Sein Sportstadion spielt aber keine Rolle mehr. Es ist seit 2008 geschlossen und dem Verfall preisgegeben.

Natürlich haben wir beim Aufspüren der Lost Places für dieses Buch die eine oder andere unliebsame Überraschung erlebt. Aber unser Hobby hat einen Vorteil. Sofern der vergessene Ort mit dem Auto erreichbar ist, muss man nie – und ich betone: nie – einen Parkplatz suchen. Eine Location, die am Ende ist, verfügt meistens über Abstellflächen ohne Ende. Und das gilt zu unserer großen Verwunderung genauso für Lost Places mitten in einer europäischen Hauptstadt.

„Da steppt ja der Bär", blödelt der Fotograf angesichts der unendlichen wie unendlich leeren Reihe von Parkplätzen in der Vodovodna cesta in Ljubljana. Der Parkscheinautomat hat hinsichtlich Einsamkeitsfaktor bereits selbst das Zeug zum Lost Place, hält aber tapfer durch. Es wär bittschön etwas einzuwerfen, wenn man sein Auto abstellen will, teilt uns das Gerät etwas knapper und nicht ganz so höflich auf Slowenisch mit. Vorsichtshalber kommen wir der Aufforderung nach, obwohl in dieser Gegend – Werktag hin oder her – wahrscheinlich selten ein uniformiertes Kontrollorgan herumschlendert.

Typisch für das Werk Plečniks sind klassische Formelemente wie Säulen.

Der ganze Straßenzug scheint bessere Zeiten gesehen zu haben. Ganz besonders aber unser Ziel: das seit 2008 geschlossene und nach dem Stadtteil, in dem es liegt, benannte Bežigrad-Stadion. Sein Grundstein wurde 1925 gelegt – nicht im Auftrag des Bären, der im übertragenen Sinn hier später steppen sollte, sondern für die „Orli" (Adler), wie sich der damals neu gegründete katholische „Turn- und Erziehungsverband" nannte. Es war zu jener Zeit in ganz Europa üblich, dass Sportvereine eine politische bzw. ideologische Ausrichtung hatten. Sie dienten der Rekrutierung von Nachwuchs sowie der Propaganda für das eigene Lager. Die Orli matchten sich vor allem mit den liberalen „Sokol" (Falken), die für ihre Massenveranstaltungen bekannt waren. Um mithalten zu können, musste deshalb rasch ein eigenes Stadion her.

Mit der Planung beauftragen die katholischen Turner Jože Plečnik, den bedeutendsten slowenischen Architekten des 20. Jahrhunderts. Der 1872 in Laibach geborene Sohn eines Tischlers hatte in Wien bei Otto Wagner studiert und galt als dessen bester Schüler. 1911 hätte er ihm als Leiter der Meisterschule nachfolgen sollen, was aber durch Interventionen aus dem Kaiserhaus verhindert wurde. Plečnik ging nach Prag, wo er 1920 im Auftrag des ersten Staatspräsidenten der jungen tschechoslowakischen Republik dessen Repräsentationsräume in der Prager Burg umgestaltete.

1922 kehrte der Architekt nach Ljubljana zurück. Er verfolgte das Ziel, seine Heimatstadt modern, aber zugleich nach dem Vorbild des antiken Athen zu gestalten. Das sollte ihm auf beeindruckende Weise gelingen.

Plečniks Planung und Bauten prägen das Bild der Metropole bis heute. Das Ljubljana, von dem die Österreicher und alle anderen Besucher schwärmen, trägt seine Handschrift: die Uferbebauung der Ljubljanica, die Dreierbrücke (Tromostovje), der zentrale Marktplatz mit seinen Hallen und der Zentralfriedhof Žale, um nur einige prominente Beispiele zu nennen. Ihr 1957 verstorbener Schöpfer war ein moderner Klassizist. Plečnik kombinierte Elemente des Wiener Jugendstils mit dem Erbe der mediterranen Architektur. Klassische Formelemente wie Säulen, Balken und Balustraden ziehen sich wie ein roter Faden durch sein Schaffen. Sie dominieren auch das, was noch vom Bežigrad-Stadion übrig ist. Das Gelände ist zwar hermetisch abgeriegelt, zahlreiche Löcher erlauben aber Einblicke. Und der markanteste, weil für eine Sportstätte so untypische Teil der Anlage überragt die Mauer ohnehin bei Weitem: die Gloriette.

Das Stadion ist seit 2008 gesperrt.

2013 wurde die Anlage vorerst zum letzten Mal für eine Veranstaltung, das internationale Open-Air-Eishockeyturnier „IceFest", geöffnet.

Der tempelartige Pavillon an der westlichen Torseite des Ovals wurde erst 1935 fertiggestellt. Bei dem in diesem Jahr im Stadion abgehaltenen Eucharistischen Kongress (heute würde man Katholikentag dazu sagen) diente er als monumentaler Altar und danach als Ehrentribüne. Im sportlichen Bereich verlagerte sich der Schwerpunkt im Lauf der Zeit von der Leichtathletik zum Fußball. Nach dem Zweiten Weltkrieg wurde die bis zu 25 000 Besucher fassende Arena Heimat des Klubs „NK Olimpia Ljubljana", der von 1960 bis 1980 in der jugoslawischen Bundesliga kickte. Die Unabhängigkeit 1991 bescherte Slowenien ein eigenes Nationalteam. Es spielte natürlich im Bežigrad-Stadion. Konzerte fanden ebenfalls statt. Vor dem ehemaligen Riesenaltar der Gloriette rockten Joe Cocker, Metallica, Iron Maiden, Depeche Mode und The Kelly Family.

Es war ein letztes lautes Aufbäumen. Die Anlage hatte sich im Lauf der Jahre ordentlich abgenützt. Weil man notwendige Sanierungsarbeiten immer wieder aufgeschoben hatte, entsprach sie ab 2004 nicht mehr den vom Weltfußballverband FIFA vorgeschriebenen Standards. Der endgültige Schlusspfiff ertönte 2008. Das Stadion wurde geschlossen und ein Public-Private-Partnership aus Stadt, Olympischem Komitee und Immobilienunternehmen damit beauftragt, Pläne zur Renovierung und zukünftigen Nutzung der Sportstätte auszuarbeiten.

Offiziell haben sich seither nur einmal die Tore des Stadions geöffnet: 2013 für das „IceFest", ein unter freiem Himmel ausgetragenes internationales Eishockeyturnier mit österreichischer Beteiligung durch die Vienna Capitals sowie die Kärntner Klubs KAC und VSV. Danach wurde es wieder ruhig um das Areal. Totenstill. Abgesehen vom Zischen der Spraydosen, mit denen Unbekannte die Gloriette verunstaltet haben. Wenigstens werden sie jetzt durch schwere Ketten und Schlösser, durch die sämtliche Zugänge neuerdings gesichert sind, vom denkmalgeschützten, aber bröckelnden Architekturjuwel ferngehalten.

Die Renovierung des Bežigrad-Stadions scheitert, wie regelmäßig in slowenischen Medien zu lesen, an der Politik, am Geld und am Konflikt zwischen den Denkmalschützern und den Investoren. „Eine Schande", schreien Architekturzeitschriften immer wieder auf, während im Internet Pläne kursieren, die neben der Arena eine mehrstöckige Kombination aus Sportpark, Büro- und Geschäftsräumen vorsehen. Und darunter, in einer mehrstöckigen Tiefgarage, ganz viele neue Parkplätze.

Tote Hose statt volles Haus. Die ehrgeizigen Renovierungspläne wurden noch nicht in Angriff genommen.

LOST PLACES

→ Das *Bežigrad-Stadion* in Ljubljana kann nur von außen besichtigt werden. Es befindet sich an der Kreuzung der Dunajska cesta mit der Samova ulica. Mehr als einen gebührenpflichtigen Parkplatz findet man in der ebenfalls an das Areal grenzenden Vodovodna cesta.

→ Im Zentrum von Ljubljana gibt es natürlich nicht nur die prächtigen Bauten, mit denen der Tourismus wirbt. Wer einen „schönen" Lost Place sehen will, spaziert oder fährt zum östlichen Ende der Altstadt. Direkt am Ufer der Ljubljanica befindet sich dort an der Kreuzung der Roška cesta mit dem Poljanski nasip eine beeindruckende Industrieruine. Das Gebäude, die sogenannte *Cukrarna*, beherbergte in der ersten Hälfte des 19. Jahrhunderts die größte Zuckerfabrik der damaligen Donaumonarchie. Sie beschäftigte bis zu 300 Personen. Nachdem ein Brand die Produktionsanlagen vernichtet hatte, wurde sie zuerst von der österreichisch-ungarischen Armee als Lazarett genutzt und hatte nach dem Ersten Weltkrieg mehrere Eigentümer. In den 1960er-Jahren gab es Pläne, im Haus ein Obdachlosenasyl einzurichten. Sie scheiterten. Obdachlose und Drogensüchtige zogen dann doch - illegalerweise - in das heruntergekommene Gebäude ein, weshalb man mittlerweile alle Zugänge (auch die Fenster) zugemauert hat. Die unmittelbare Umgebung ist dennoch eine Spielwiese für Kleinkriminelle geblieben. Verlassen Sie nicht die Straße! Abseits des Asphalts besteht die Gefahr, auf gebrauchte Spritzen zu steigen.

AM RANDE

Das Wohnhaus von Jože Plečnik, das er selbst um- und ausgebaut hat, ist heute ein *Museum*. Es gewährt Einblick in sein überaus bescheidenes Privatleben, würdigt die Arbeit des Meisters und hat täglich außer Montag von 10 bis 18 Uhr geöffnet. Hiša Plečnik, Karunova ulica 4, 1000 Ljubljana, *www.mgml.si*

ZIRKNITZER SEE UND RAKOV ŠKOCJAN

ABWASSER

Manchmal fehlt vom sonst riesigen Zirknitzer See am Rand des slowenischen Karsts jede Spur. Sein Wasser ist dann in unterirdischen Gängen versickert, um am Drehort eines Winnetou-Films wieder aufzutauchen.

Gut zu wissen, dass es Herausforderungen gibt, an denen sich schon wesentlich prominentere Abenteurer die Zähne ausgebissen haben. Der Cerniško jezero (im Folgenden der Einfachheit halber bei seinem altösterreichischen Namen genannt: Zirknitzer See) im Südwesten Sloweniens ist so ein Fall. Er zählt zur seltenen Gruppe der periodischen Gewässer: Der See kommt und geht, von 0 bis 100 Prozent ist alles drin. Im Winter und Frühling kann er bis zu 26 Quadratkilometer groß und 6 Meter tief, dafür – vornehmlich im Sommer und frühen Herbst – gar nicht vorhanden sein. Trocken. Lost Water, um es in Anleihe an unser Thema zu formulieren.

Der weltweit größte periodische See beschäftigt seit Jahrhunderten die Wissenschaft: Strabon, der griechische Geschichtsschreiber und Geograf, erwähnte das Phänomen um Christi Geburt als Erster. Im 17. Jahrhundert arbeitete sich der in Laibach aufgewachsene Universalgelehrte Johann Weichard von Valvasor daran so ausführlich ab, dass er dafür in die Londoner „Royal Society", die Akademie der Wissenschaften des Vereinigten Königreiches, aufgenommen wurde. 1746 folgte der deutsche Philosoph

Die ersten künstlichen Rechen im Zirknitzer See wurden von Ingenieuren der Donaumonarchie aufgestellt.

Immanuel Kant mit dieser legendären Beschreibung des Zirknitzer Sees: „Er hat in seinem Boden einige Löcher."

Mit ihren Mutmaßungen über die Ursache hatten die Forscher mit den klingenden Namen immer nur teilweise recht. Heute weiß man, dass das Wasser sowohl im Karstboden versickert als auch seitlich durch Höhlen abfließt. Auf den Zentimeter und schon gar nicht auf den Tag genau lässt sich am Zirknitzer See aber nach wie vor nichts vorhersagen. Dementsprechend entspannt spazieren wir auf der Suche nach den Abflusshöhlen Velika und Mala Karlovica am südwestlichen Ende des derzeit leeren Beckens entlang. Es gibt kein Schild, keinen Weg, keine Koordinaten. Aber wir wären ja nicht die Ersten, die an diesem Phänomen scheitern. Schließlich tut sich vor uns doch noch das Loch der Mala Karlovica auf, das sich innen zu einer Halle weitet, in der man ganz leicht aufrecht stehen kann.

Draußen ragen ein paar Holzpflöcke aus dem Boden. Sie dienen als Rechen und sollen verhindern, dass größeres Schwemmgut in die Höhle treibt und diese verstopft. Die rustikale Sicherheitsvorkehrung geht auf Ingenieure der österreichisch-ungarischen Monarchie zurück, die im 19. Jahrhundert ernsthaft überlegt haben, den See trockenzulegen, um die landwirtschaftlichen Anbauflächen zu vergrößern. Weil Geologen davon abrieten, verwarfen sie die Idee wieder und stellten nur die riesigen Rechen auf. Rund 100 Jahre später versuchten jugoslawische Behörden das Gegenteil. Sie wollten den See aufstauen, um ihn ganzjährig touristisch und zur Stromerzeugung nutzen zu können. Obwohl Naturschützer dagegen protestierten, wurden die Abflusshöhlen zugemauert. Das Wasser verschwand trotzdem – es suchte sich einfach andere Wege.

Mittlerweile sind die Höhlen wieder offen. In Ermangelung entsprechender Ausrüstung verzichten wir aber auf eine Fortsetzung der Expedition ins Innere. Sie hätte nach 9 verzweigten Kilometern an dunklen Felsspalten geendet, durch die zwar jede Menge Wasser passt, aber nicht unsere Luxuskörper. Es ist ohnehin bekannt, wo zumindest ein Teil des verschwundenen Sees wieder herauskommt. Und da kann man genauso gut mit dem Auto hinfahren – einmal über den Hügel nach Rakov Škocjan. In dem nur 2,5 Kilometer langen, außerhalb Sloweniens kaum bekannten Tal hat die Natur eine Landschaft geformt, die in dieser Ausprägung auf so engem Raum weltweit einzigartig ist.

Durch das Tal fließt der Fluss Rak – heute oberirdisch, vor Millionen von Jahren noch komplett unter der Erde. Er hat eine gigantische Höhle aus dem Karstgestein gewaschen, die mittlerweile großteils eingestürzt ist und somit mehrere Dolinen bildet. Vom Loch übrig geblieben sind riesige, manchmal mehr als 40 Meter hohe Felsentore, die sich über den Fluss spannen. Dazwischen gibt es immer wieder Quellen, die (und da sind wir nun wieder beim Ausgangspunkt unseres Abenteuers) über verschiedene unterirdische Kanäle mit dem aus dem Zirknitzer See abgeflossenen Wasser gespeist werden. Das ist theoretisch betrachtet schon beeindruckend, in der Realität aber noch viel mehr. Kein Wunder, dass es Rakov Škocjan 1964 sogar ins Kino geschafft hat.

Die sogenannte Kleine Naturbrücke und der Eingang zur

Blick aus der Mala Karlovica.
Die Höhle ist einer der Abflüsse des Sees.

Höhle Zelške jame – aus ihr entspringt der Fluss Rak – waren Schauplatz von Aufnahmen für den Film „Winnetou 2. Teil", der tatsächlich diesen sperrigen Namen trägt. Hier drehte man einige Actionszenen fürs Finale: Pierre Brice schwimmt als Winnetou durch einen unterirdischen Zugang in die Höhle, in der die gute Indianerin Ribanna vom bösen Banditen Forrester gefangen gehalten wird. Die Aktion endet natürlich glücklich. Auch für uns. Weil wir finden, dass es vermessen wäre, sich mit einem Helden wie Winnetou oder einem Superstar wie Pierre Brice zu messen, verzichten wir darauf, auf seinen Spuren unter der Kleinen Naturbrücke durchzuschwimmen, und nehmen stattdessen den staubtrockenen Fußweg am Ufer.

Entlang des Naturlehrpfads durch Rakov Škocjan warten noch die Große Naturbrücke und der Zugang zur Tkalca jama (deutsch: des Webers Grotte). Sie ist nach einem Tropfstein benannt, zu dem ein Weber erstarrt sein soll, der an einem kirchlichen Feiertag gearbeitet hat, anstatt den Gottesdienst zu besuchen. Die Höhle wirkt von oben beeindruckend genug, man muss nicht – wie wir – an den zur Sicherheit angebrachten

Kleines Menschenwerk in einem großartigen Naturschutzgebiet:
die Brücke, die zwischen den Felsentoren über den Fluss Rak führt

Stahlseilen durch einen Seitengang hinunterklettern. In diesem Loch verschwindet der Fluss Rak wieder in der Unterwelt. Die Eingangshalle ist ebenso riesig wie gefährlich. In ihr landet immer wieder labiles Schwemmmaterial. „Da durchzusteigen, ist ein unnötig riskantes Höhlenmikado", warnt der bekannte deutsche Karstexperte Peter Hofmann. Wir halten uns daran, drücken für ein paar Fotos ab und verschwinden schnell wieder nach oben.

Der Weg aus dem – abgesehen von ein paar Ferienhäusern – unbewohnten Tal führt an einem für die Gegend untypischen Lost Place vorbei: an der Ruine der St.-Kanzian-Kirche. Sie befindet sich auf der Großen Naturbrücke. Auf zwei Seiten von Dolinen begrenzt, war sie früher ein strategisch günstiger, weil leicht zu verteidigender Standort. Archäologische Funde belegen, dass hier schon in der älteren Eisenzeit (9.–5. Jahrhundert v. Chr.) Menschen gelebt haben. Das kleine Dorf mit der um 1500 errichteten Kirche war bis ins ausgehende 18. Jahrhundert bewohnt. Dann wurde es verlassen und dem Verfall preisgegeben. Nur ein paar Mauern des Gotteshauses sind erhalten geblieben.

Rest einer einst gewaltigen Höhle: die Große Naturbrücke

Ruine der St.-Kanzian-Kirche

Wir treffen dort eine Dame mit Hund, die aus unserem „Dober dan" sofort den Kärntner Akzent heraushört und, weil sie jahrelang in einem Hotel gearbeitet hat, in fließendem Deutsch fragt, was zwei Österreicher zu diesen Ruinen führt. Wir erklären ihr unser Lost-Places-Projekt. Sie ist – ohne Übertreibung – begeistert: „Ich bin im Tal unterwegs, weil ich in der Nähe wohne. Aber außer Schulklassen, die am Wandertag den Naturlehrpfad abgehen, läuft mir selten jemand über den Weg. Die Leute haben keine Ahnung, was ihnen da entgeht, wenn sie draußen auf der Autobahn vorbeifahren. Alle wollen immer nur ans Meer! Vielleicht hilft es ja, wenn Sie darüber schreiben."

Das machen wir. Großes Indianerehrenwort.

AM RANDE

Nicht einmal 20 Fahrminuten trennen das leise Rakov Škocjan von den „lauten" *Höhlen in Postojna*, deren Besuch unserer Meinung nach trotzdem zur Alpen-Adria-Allgemeinbildung gehört. Touristen gehen zwischen den spektakulären Tropfsteinen und seltenen Grottenolmen schon seit 1818 ein und aus. Damals hießen die Höhlen, die zum Teil sogar für Tanzveranstaltungen genutzt wurden, noch Adelsberger Grotte. Die fast „überperfekte" Beschilderung, die schon an der slowenischen Grenze beginnt, erspart uns hier Wegbeschreibung und Adresse. Informationen über die Öffnungszeiten der Höhlen, die ganzjährig im Rahmen von Führungen besichtigt werden können, gibt es im Internet: *www.postojnska-jama.eu*

Wir empfehlen, bei den Postojna-Höhlen gleich das Kombiticket zu lösen, mit dem man auch Zutritt zur 9 Kilometer entfernten *Höhlenburg Predjama* hat. Die im 12. Jahrhundert errichtete Festung ist weltweit einzigartig, weil sie sich in den zum Teil riesigen Löchern der dahinterliegenden Felswand fortsetzt. Und natürlich gibt es einen Geheimgang, der bei Belagerungen an den Feinden vorbei nach draußen führte. Die Anlage ist ganzjährig geöffnet und kann im Rahmen von Führungen ebenso wie auf eigene Faust erkundet werden. Informationen unter der oben angegebenen Internetadresse.

LOST PLACES

→ Den *Cerkniško jezero/Zirknitzer See* erreicht man über die Ausfahrt Unec der Autobahn A1 und in weiterer Folge über den 10 Fahrminuten entfernten Ort Cerknica. Von dort aus ist der Weg zum See beschildert. Ob man Erfolg hat und wie lange man bis zum Ufer unterwegs ist, hängt von der aktuellen Ausdehnung des Gewässers ab.

→ Nach *Rakov Škocjan* geht's ebenfalls über die Autobahnausfahrt und den Ort Unec. An der Hauptstraße im Zentrum weist ein Schild rechts den Weg zum Tal mit den Höhlen und Felsentoren. Wer es eilig hat, kann die Stationen des Naturlehrpfads über eine Schotterstraße auch mit dem Auto abklappern. Zu den einzelnen Höhepunkten muss man allerdings immer zu Fuß absteigen. Der gut beschilderte Naturlehrpfad ist 8 Kilometer lang, die Geh- und Schauzeit beträgt mindestens 3 Stunden. Manche Steige sind steil und können rutschig sein! Das betrifft auch die „Auto-Wanderer". Wie nahe man am Fluss den Felsentoren kommt, hängt vom Wasserstand ab. Beachten Sie die Warnhinweise!

TORPEDOFABRIK WHITEHEAD

VERHEERENDE INNOVATIONSKRAFT

Historischer Ruhepol im Industriegebiet: Hinter belebten Fabrikshallen ragt in Rijeka die Ruine der weltweit ersten Torpedo-Abschussrampe ins Meer. Auch die ersten und letzten österreichischen U-Boote wurden hier zu Wasser gelassen.

Bürgerinformation wird in Kroatien großgeschrieben. „Zutritt verboten" steht – natürlich in der Landessprache – auf dem Schild. Dazu die transparente Erklärung, dass auf dem Gelände Ein- und (!) Absturzgefahr besteht. Die Fischer, die sich hinter der Absperrung mit ihren Angelruten aufgebaut haben, scheint das nicht zu beeindrucken. Wohl mit dem Argument, dass – im Unterschied zu den Bedrohungen von oben und unten – seitlich offiziell kein Risiko besteht, haben sie eine Strebe aus dem Metalltor geflext. Nun müssen sie nicht mehr klettern, sondern nur mehr oder weniger den Bauch einziehen, um auf das Areal der alten Torpedo-Abschussrampe in Rijeka zu gelangen.

Das spektakuläre Gerippe der Halle am Meer ist der letzte und nun denkmalgeschützte Rest eines vormals riesigen Rüstungsbetriebs: der Torpedofabrik Whitehead. Benannt war sie nach ihrem Gründer, dem britischen Ingenieur Robert Whitehead (1823–1905). Gemeinsam mit dem österreichischen Marineoffizier Giovanni Luppis (1813–1875) gilt er als Erfinder des Torpedos mit eigenem Antrieb und Selbststeuerung. Im Vergleich zur später verheerenden Wirkung der Unterwasserwaffe, die beide

Weltkriege im 20. Jahrhundert entscheidend beeinflussen sollte, klingt das ursprüngliche Motiv für ihre Entwicklung fast wie ein Friedensprojekt. Der in Fiume, wie Rijeka als Teil von Österreich-Ungarn noch hieß, stationierte Luppis suchte nach einer Möglichkeit, die ungeschützte Küstenlinie gegen Angriffe feindlicher Flotten zu verteidigen.

Der Marineoffizier, der selbst Ingenieur war, stellte sich dafür ein von Land steuerbares unbemanntes Gerät vor, dessen explosive Ladung erst beim Aufprall auf das gegnerische Schiff explodieren sollte. Unter dem Arbeitstitel „Salvacoste" (Küstenschutz) entwickelte er in den 1850er-Jahren mehrere Prototypen. Beim ersten handelte es sich noch um ein kleines Boot mit Glassegeln, die für Feinde unsichtbar sein sollten, beim zweiten um einen schon torpedoähnlicheren Schwimmkörper mit Schiffsschraube. Gesteuert wurden beide mit langen Seilen vom Land aus. 1860 gelang es Luppis, seinen „Salvacoste" Kaiser Franz Joseph vorzuführen. Obwohl das Ding dabei funktionierte, wollte es die österreichische Marine nicht haben. Antrieb und Kontrolle seien zu fehleranfällig, beschied man.

Luppis gab dennoch nicht auf. Um seine Erfindung zu verbessern, suchte er den Kontakt zu Whitehead, der in Fiume gerade eine Fabrik zur Herstellung von Dampfmaschinen und -kesseln übernommen hatte. 1864

Ganz oben im Ausguck saßen die Beobachter der Torpedotests.

schlossen die beiden einen Vertrag, der die Weiterentwicklung des „Salvacoste" und die Aufteilung potenzieller Gewinne daraus zum Inhalt hatte. Whitehead verhalf dem Projekt mit seinem technischen Know-how zum Erfolg, obwohl er später – was für ihn spricht – öffentlich immer Luppis als Erfinder des Torpedos pries. 1866 präsentierte das Duo der österreichischen Marine sein mittlerweile „Minenschiff" genanntes Gerät: Dieser erstmals zigarrenförmige Torpedo steuerte sein Ziel mit bis zu 6 Knoten Geschwindigkeit (11,1 km/h) bereits unter Wasser an. Er hatte 300 bis 400 Meter Reichweite, war 3,35 Meter lang und 136 Kilo schwer, wovon 9 Kilo auf den Sprengstoff entfielen. Der Antrieb funktionierte mit Druckluft. Diesmal waren die Militärs begeistert und gaben eine Testproduktion in Auftrag.

Die „Tür" der Fischer

Das ganze Patent wollte die österreichische Marine nicht kaufen – man glaubte, es ohnehin nicht vor anderen Mächten geheim halten zu können. Deshalb standen rasch alle Staaten, die es sich leisten konnten, in Fiume Schlange und bestellten Torpedos samt Abschussvorrichtungen. 1868 zog sich Luppis wegen Differenzen aus dem Unternehmen zurück, Whitehead übernahm seine Anteile, zahlte ihn aus und überließ ihm weiter Ruhm und Ehre: Luppis wurde ein Jahr später von Kaiser Franz Joseph zum „Ritter von Rammer" geadelt. Der Name soll sich, wenn die Interpretationen stimmen, von seiner Tätigkeit bei der Marine und der Erfindung der neuen Waffe herleiten.

Das Kriegsgerät aus Fiume war international gefragt. Allein zwischen 1875 und 1890 weisen die Bücher der Fabrik die Produktion von 3 782 Torpedos aus. Whitehead exportierte sie sogar nach Australien und Südamerika. Schon 1878 kamen die Waffen im russisch-osmanischen Krieg erstmals militärisch zum Einsatz. Die Bezeichnung der Erfindung als „Minenschiff" war zu diesem Zeitpunkt längst vergessen, man sprach nur noch von Torpedo. Dieser Begriff ist eine Schöpfung des amerikanischen Ingenieurs Robert Fulton, der 1801 das U-Boot Nautilus entworfen hatte. Es verfügte über eine nachgeschleppte Sprengladung, um damit Schiffe von unten anzugreifen. Für den Namen der Waffe nahm Fulton Anleihe bei einem Fisch: dem Zitterrochen. Das Tier lähmt seine Beute mit elektrischen Entladungen, weshalb sein wissenschaftlicher Name Torpediniae lautet, was sich vom Lateinischen „torpere" (erstarren, lähmen) ableitet.

Ab 1910 wurden auch in der von Whiteheads Erben weitergeführten Fabrik U-Boote gebaut – es waren die ersten und letzten österreichischen. Das Unternehmen überdauerte das Ende des Ersten Weltkriegs und den Zerfall der Donaumonarchie nur kurz. 1924 ging die Firma in Konkurs. Die Stadt Fiume gehörte nun zu Italien, das die Torpedofabrik als ehemaliger treuer Whitehead-Kunde gut kannte und umgehend als Staatsbetrieb wiedereröffnete. Nach dem Zweiten Weltkrieg wiederholte sich das Prozedere, nun übernahm Jugoslawien den Laden. Der Markt war durch die politischen Rahmenbedingungen allerdings stark eingeschränkt. Mitte der 1960er-Jahre wurde die Torpedoproduktion in Rijeka endgültig eingestellt.

Auf dem ehemaligen Fabriksgelände im Industrieviertel westlich des Hafens haben sich mittlerweile andere Firmen angesiedelt. Fremde, die zwischen Staplern und Lastwagen herumlaufen, machen ihnen wenig Freude. Deshalb wacht ein Mann in Uniform über die Einfahrt, die der einzige Weg ist, um zur Ruine der Torpedo-Abschussrampe zu gelangen. Autoren und Fotografen, die freundlich fragen, lässt er aber durch und Fischer offenbar sowieso. Auf eigene Gefahr. Denn offiziell wird vor diesem Lost Place nicht grundlos gewarnt, wie wir rasch feststellen: Durch die Löcher im Betonboden der ins Meer hinausragenden Konstruktion könnte man jederzeit unfreiwillig baden gehen oder, was schlimmer wäre, auf die Stahlteile der darunterliegenden Konstruktionen stürzen. In den größeren Kratern befanden sich früher die Vorrichtungen zum Abfeuern der Torpedos, die kleineren, unsymmetrischen dürften auf Materialermüdung zurückzuführen sein.

Ein Blick nach oben lohnt sich aber ebenso – nicht nur der Sicherheit wegen. Über dem großteils längst verschwundenen Dach thront seeseitig ein spektakulärer zweistöckiger Ausguck. Aus diesen Holzhütten wurden die Torpedotests überwacht. Berichte aus der Zeit um 1960 schildern, wie aufwendig die Durchführung war: Um Zwischenfälle mit Schiffen zu

Die Fabrik war bis in die 1960er-Jahre in Betrieb.

Eine undatierte Aufnahme aus der Zeit, in der noch eine Dampfmaschine die Energie für die Torpedofabrik lieferte.

vermeiden, musste das Gewässer in einem Umkreis von 12 Kilometern gesperrt werden. Getestet wurde nur bei ruhiger See. Das lag vor allem im Interesse der Mitarbeiter, die zum Aufpassen aufs Meer geschickt worden waren. Sie saßen mit je einer Flagge in der Hand auf schwimmenden Plattformen, die in exakten 1000-Meter-Abständen von der Abschussrampe entfernt vor Anker lagen. Schnellboote begleiteten den Torpedo, der mit rund 40 Knoten (74 km/h) unterwegs war, von einer künstlichen Insel zur nächsten. Hatte das Geschoß die Höhe der Plattform erreicht, musste der dort stationierte Mitarbeiter sofort seine Flagge heben. Das war einerseits das Zeichen für das nächste Boot, die Eskorte des Torpedos zu übernehmen, andererseits ein Signal für die Stoppuhren im Ausguck. Aus der Zeit errechnete man später die exakte Geschwindigkeit des Geschoßes, die Route der Boote half beim Feststellen eventueller Abweichungen vom Kurs.

Die selbstverständlich nicht explosiven Testtorpedos waren so konstruiert, dass sie nach dem Zurücklegen einer bestimmten Strecke auftauchten und geborgen werden konnten. Das klappte nicht immer, manche Geräte verschwanden grußlos in der Adria. Ein Teil der Irrläufer wurde Jahrzehnte später von der kroatischen Marine geborgen und dem Stadtmuseum oder dem See- und Geschichtsmuseum des kroatischen Küstenlands in Rijeka übergeben. Seit 2016 sind diese spektakulären Funde – zusammen mit Maschinen und Messinstrumenten aus der Fabrik – Teil einer gemeinsamen Torpedo-Sonderausstellung beider Museen in einem alten Lagerhaus am Hafen. Sie kann im Unterschied zur Abschussrampe gefahrlos besucht werden. Für ein mulmiges Gefühl sorgt nur der Klangteppich, den wir aus beklemmenden Filmen wie „Das Boot" oder „Roter Oktober" kennen. Er besteht aus dem Rauschen und monotonen Piepsen eines Sonars, das bis heute dem Aufspüren feindlicher U-Boote dient. Eine Art Warnhinweis in Dauerschleife.

Reste einer Abschussvorrichtung

Die sehenswerte Ausstellung über die Fabrik in Rijeka zeigt natürlich auch Torpedos.

LOST PLACE

→ Das Firmengelände, durch das man, wenn es am Tor erlaubt wird, auf gut Glück und eigene Gefahr zur Ruine der Torpedo-Abschussrampe gelangen kann, befindet sich in der Ulica Milutina Barača 19.
Wer sich für das Thema interessiert, sollte die sehenswerte Ausstellung der beiden Museen über die Erfindung des Torpedos besuchen. Sie trägt den Titel „First in the World - 150 Years of Rijeka's Torpedos" und wird von Anfang April bis Mitte Dezember im Depot auf dem Lagergelände hinter dem Bahnhof gezeigt (Žabica 4, Rijeka). Geöffnet hat sie werktags von 12 bis 18 Uhr. *www.muzej-rijeka.hr*

JACHT GALEB

—

VOLLE KRAFT ZURÜCK

Auf der Staatsjacht des jugoslawischen Machthabers Tito verkehrten gekrönte Häupter, Politiker, Diktatoren und Hollywoodstars. Heute rostet das schon zwei Mal versenkte Schiff einsam vor sich hin.

—

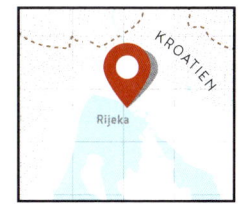

Fallweise brummt der Seebär, aber meistens lässt er seine Hand sprechen. Sie winkt genervt. Weiter! Weiter! Kapitän Željko Matejčić hat es entweder eilig oder wir gehen ihm gewaltig auf die Nerven. Jedenfalls scheint er gerade immer mehr eins mit dem Schiff zu werden, über das er wacht. Es ist die im Hafen von Rijeka vor Anker liegende glücklose Jacht Galeb, bei deren Anblick sich vor allem eine Frage stellt: Warum ist das Ding noch nicht gesunken?!

Die 117 Meter lange Galeb (Möwe) ist nicht irgendein Schiff. Sonst hätte man sie längst entsorgt. Sie ist das Schiff Ex-Jugoslawiens, die Amtsjacht des von 1945 bis zu seinem Tod 1980 autokratisch regierenden Staatschefs Josip Broz Tito. 86 000 Seemeilen legte der Diktator mit ihr zurück. Weil er Flugangst hatte, wird behauptet. Vielleicht war es aber auch nur eine Frage des Komforts: Es gab ein kleines Kino und sicherheitshalber gleich zwei Bordküchen. Bei Titos „Friedens- und Freundschaftsmissionen" waren außerdem eine Musikkapelle und mehrere Sänger mit von der Partie.

Die Liste der prominenten Galeb-Gäste ist lang. Queen Elizabeth, Äthiopiens Kaiser Haile Selassie, der sowjetische Parteichef Leonid Breschnew,

Die 117 Meter lange Jacht Galeb liegt im Hafen von Rijeka vor Anker.

UNO-Generalsekretär Kurt Waldheim und der libysche Diktator Muammar al-Gaddafi besuchten die Jacht in offizieller Mission. Tito umgab sich aber auch gerne mit Stars. Wer schlägt schon eine Einladung zu einer Spritztour mit der schwimmenden jugoslawischen „Air Force One" ab? Elizabeth Taylor, Sophia Loren, Kirk Douglas und Richard Burton jedenfalls nicht. Sie waren alle da. Ebenso ein junger Leopard. Tito hatte die Raubkatze bei einem Staatsbesuch in Burma, dem heutigen Myanmar, geschenkt bekommen und führte das Tier angeblich höchstpersönlich an Deck spazieren.

Angesichts der schillernden Namen wird gerne auf das nicht ganz so schillernde Vorleben der Galeb vergessen. Aber dafür haben wir ja unseren Seebären, der bei diesem Thema fast ein wenig aufzutauen scheint. Gebaut wurde der Kahn 1938 in Genua als Kühlschiff für den Bananentransport von Afrika nach Italien. 1940 zog die italienische Marine die damalige „RAMB III" (das stand für die Eigentümerfirma „Regia Azienda Monopolio Banane") ein und machte aus ihr den „Hilfskreuzer RAMB III", der aber nicht lange im Dienst war. 1941 griff ein britisches U-Boot das Schiff im Hafen von Bengasi an und versenkte es.

Die Italiener bargen den Kreuzer und schleppten ihn nach Triest, wo er 1944 – nun von den Deutschen und unter dem Namen „Minenschiff Kiebitz" – wieder in den Krieg geschickt wurde. Wieder währte der Einsatz nicht lange: Nach 9 Monaten geriet der Kahn bei Ancona auf eine von ihm selbst gelegte Mine. Die beschädigte Kiebitz schaffte es danach aber

Luxuriöses Innenleben. Es gab auch einen Konferenzraum für politische Gespräche.

in Rückwärtsfahrt – vorwärts wäre sie abgesoffen – ins heutige Rijeka, das damals noch Fiume hieß. Mit dieser abenteuerlichen Leistung über 110 Seemeilen (204 Kilometer) hält sie den Weltrekord im Rückwartsfahren, behauptet zumindest Kapitän Matejčić. Dies nützte dem Schiff damals nichts. Nur einen Tag nach seiner Rückkehr wurde es bei einem Luftangriff auf Fiume erneut versenkt.

Nach dem Zweiten Weltkrieg hob die jugoslawische Marine das Schiff und baute es zur später legendären Jacht Galeb um. Nach der Tito-Ära sollte sie noch einmal in Turbulenzen kommen: Während der Jugoslawienkriege lag das Schiff vor der montenegrinischen Küste, wo es geplündert wurde. Danach kaufte ein griechischer Reeder das Halbwrack und begann mit dessen Renovierung, bis ihm der kroatische Staat einen Strich durch die Rechnung machte und die Galeb zum nationalen Erbe erklärte. Als solches darf das Schiff das Land nicht mehr verlassen. Seit 2010 gehört die Jacht der Stadt Rijeka, die sie zum Museum umbauen will. Derzeit fehlt jedoch das Geld dafür.

Matejčić hat uns in einer knappen Dreiviertelstunde über alle Decks seines rostigen Reichs gejagt. „Wir achten im Moment vor allem darauf, dass nicht noch mehr kaputt wird", erklärt er uns seine Funktion. So wurde zum Beispiel auf dem Oberdeck eine dünne Zementschicht aufgetragen, um die teuren Teakholzplanken zu schützen. Je näher der Zeitpunkt rückt, an dem wir ihn und sein Schiff endlich wieder in Frieden lassen, desto freundlicher wird er. Zurück im Hotel erzählen wir dem jungen Mann an der Rezeption von unserem Ausflug. Er quittiert das Schicksal der Galeb nur mit einem Wort: „Versenken!" Zum Glück hat das unser Seebär nicht gehört.

Die Stadt Rijeka will die Jacht zum Museum umbauen.

LOST PLACE

→ Die Galeb kann nicht besichtigt werden. Sie liegt im abgesperrten Ostteil des Hafens vor Anker. Durch die Absperrung lässt sich die Jacht aber widerstandslos bewundern und fotografieren.

HOTEL HALUDOVO

DEKADENZ IN BETON

Früher floss der Champagner in Strömen, heute tropft Regenwasser von der Decke. Dennoch gehen im einst schillernden Hotel Haludovo nach wie vor Gäste ein und aus. Erotik für die Ewigkeit?

Die Geschichte vom Aufstieg und Fall der einstigen Luxusherberge Nummer 1 auf der kroatischen Insel Krk hat einen roten Faden, der seiner assoziierten Farbe mehr als gerecht wird. Es geht um Sex und Glücksspiel, um Schauspieler und Diktatoren, um Macht und Millionen, kurz, um ein in Beton gegossenes Unsittenbild mit Promifaktor. Und heute ist das Hotel Haludovo selbst ein Star. Im Internet wird es als „beliebteste Ruine Kroatiens" gepriesen und in TV-Berichten gar als „Europas bekanntester Lost Place". Hat man die zahlreichen Wegweiser zur Anlage, die seit 2002 geschlossen ist, deshalb stehen gelassen? Egal. Wir freuen uns, dass wir unser Ziel diesmal nicht lange suchen müssen.

Der Star unter den verfallenen Orten befindet sich in einer abgeschiedenen Bucht außerhalb des Urlaubsortes Malinska an der Westküste der Insel Krk. Die ebenso malerische wie einsame Lage ist kein Zufall. Das Hotel wurde 1972 für Gäste eröffnet, die unter ihresgleichen sein wollten. 45 Millionen Dollar hatte Bob Guccione (1930–2010), Gründer und Herausgeber des US-Männermagazins Penthouse, in die Errichtung investiert. Der „Penthouse Adriatic Club", wie die Anlage zunächst hieß, hatte mehr als 500 Zimmer beziehungsweise Apartments und bot dem werten Publikum zusätzlich zum Strand vor der Haustür allerlei weitere Annehmlichkeiten: Wellnessbereich, Indoor- und Outdoorpools, Disko, Bowlingbahn, Minigolfanlage, Tennisplätze sowie mehrere Bars innen und außen.

Herzstück des Hauses war ein Casino mit 70 ausschließlich weiblichen Croupiers und Hostessen aus den USA. Die Damen in den neckischen Kostümchen waren „Penthouse Pets" (also „Haustiere"!). So nannte das Magazin seine Erotik-Models – wohl eine „Weiterentwicklung" der von Hauptkonkurrent Playboy eingeführten und in unseren Breiten bis heute bekannteren Bezeichnung „Bunny" (Häschen). Mit einschlägigen Fotos seiner Mitarbeiterinnen, die Guccione als gelernter Aktfotograf gerne höchstpersönlich anfertigte, warb er in den USA für die Dependance auf Krk als neues Las Vegas. Das Konzept ging in den ersten Monaten nach der Eröffnung voll auf. Überwiegend männliche Gäste aus aller Welt feierten im „Penthouse Adriatic Club" rauschende Feste. Wenn es besonders wild zuging, wurden pro Tag bis zu 100 Kilo Hummer, 5 Kilo Kaviar und Hunderte Flaschen Champagner und Whiskey vernichtet.

Das spülte ordentlich Devisen in die Kassen des sozialistischen Staates Jugoslawien, der Guccione den Schauplatz der dekadenten Orgien öffentlich als Beitrag zum Weltfrieden preisen ließ. In Interviews strich der Amerikaner brav die vermeintlichen Gemeinsamkeiten des Tito-Regimes mit seinem Penthouse-Imperium hervor. „Wir werden beide ständig missverstanden. Jugoslawien hält man für ein Land hinter dem Eisernen Vorhang, in dem man keinen Spaß haben und keine Geschäfte machen kann. Uns sagt man nach, wir wären Exhibitionisten ohne Interesse an seriösen Unternehmungen. Die gemeinsame Verwirklichung unseres Projekts auf Krk beweist das Gegenteil", politisierte Guccione. Seine Frohbotschaft: „Vorurteile und Ignoranz sind auch schuld am Kalten Krieg. Wir sollten mehr miteinander reden und voneinander lernen."

Hinter den Kulissen des „Penthouse Adriatic Club" hielt sich das gegenseitige Verständnis allerdings in Grenzen. In wirtschaftlichen Fragen waren weder der Kapitalist Guccione noch das sozialistische Regime gewillt, voneinander zu lernen. Für Konflikte sorgte vor allem das in Jugoslawien staatlich verordnete System der Arbeiterselbstverwaltung. Es sah unter anderem vor, dass Mitarbeiter die Direktoren wählen

Eine Speisekarte

Die Hotelhalle ist mittlerweile ein Trümmerfeld. In der Mitte befand sich eine runde Bar.

durften, und räumte ihnen weitreichende Mitspracherechte im operativen Geschäft ein. Schon zu Beginn des Jahres 1973 – nicht einmal ein Jahr nach der Eröffnung – zog sich Guccione deshalb aus dem Projekt zurück. Das Ruder übernahm ein arbeiterverwalteter Staatsbetrieb, der Erotik-Unternehmer blieb am Gewinn beteiligt.

Aus dem „Penthouse Adriatic Club" wurde ein normales Luxushotel, das man, um mehr Touristen anzuziehen, in zwei Häuser unterschiedlicher Kategorien teilte: in das Haludovo Palace mit fünf und in das Tamaris mit vier Sternen. Das Geschäft lief gut. Und weil sich das mondäne Ambiente – abgesehen von der Abwesenheit der „Penthouse Pets" – nicht geändert hatte, schauten in den folgenden Jahren immer wieder Promis vorbei. Der irakische Diktator Saddam Hussein (1937–2006) nutzte die Größe der Anlage, um bei einem Staatsbesuch mit sage und schreibe 250 Begleitern im Haludovo einzuchecken. Angeblich soll man für ihn einen ganzen Pool mit Champagner gefüllt haben.

Hier fuhren einst die prominenten Gäste des Hotels vor.

Das Hotel warb vor allem mit seiner spektakulären Poollandschaft.

Das Geschäft lief bis zum Ausbruch des kroatischen Freiheitskampfes 1991. Die Zwangspause, in der das Gebäude als Flüchtlingsunterkunft diente, war dann der Anfang vom Ende der Urlaubsdestination für die Reichen und Schönen. Zwar wurde der Betrieb nach Kriegsende 1995 privatisiert und unter dem Namen Hotel Haludovo neu eröffnet, doch alle Versuche, an den Glanz von einst anzuschließen, scheiterten. Die Eigentümer wechselten rasch, Geld für die dringend notwendige Modernisierung der Anlage nahm keiner von ihnen in die Hand. Im Dezember 2001 checkten die letzten Gäste aus, 2002 folgte im Rahmen eines Abverkaufs ein Großteil des Inventars. Bis auf mehrere nie verwirklichte Pläne, die von einer Renovierung bis zum Abriss reichten, ist es seither ruhig um das Haludovo. Offiziell zumindest.

Im Hotel selbst gehen nach wie vor Menschen ein und aus. Illegal natürlich, aber ohne schlechtes Gewissen oder große Mühen. Die „Betreten verboten"-Schilder und die Absperrung sind vom Andrang längst überrannt worden. Und das manchmal sogar aus Interesse an Kunst und Kultur. Der frühere „Penthouse Adriatic Club" ist nämlich ein Bau von Boris Magaš (1930–2013), der zu den bedeutendsten Architekten Jugoslawiens zählte. Hier huldigte der Meister dem Stil des Brutalismus, bei dem roher Beton (auf Französisch *béton brut*, daher der Name) möglichst sichtbar die Hauptrolle spielt. Magaš gelang dies hier atemberaubend gut, wie wir in der zweistöckigen offenen Hotelhalle, der sogenannten großen Lounge, feststellen. Säulen aus Beton stützen die Galerie und das Dach rund um einen ebenfalls betonierten offenen Kamin, der die Ausmaße eines Kirchturms hat. Eine spektakuläre Konstruktion.

Der Zustand der Lounge und des restlichen Hotels lässt allerdings darauf schließen, dass in den Hallen und Zimmern nicht nur Architekturstudenten verkehren. Einige Besucher haben den Brutalismus, sofern er ihnen als Architekturstil überhaupt ein Begriff war, wohl falsch verstanden. Was an Möbeln noch da war, wurde zertrümmert. Von den riesigen Glasfronten ist keine einzige mehr heil. Überall liegen Scherben und

Gähnende Leere in der riesigen Küche

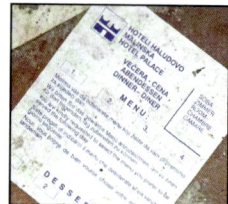

Karten zum Ankreuzen des gewünschten Abendmenüs

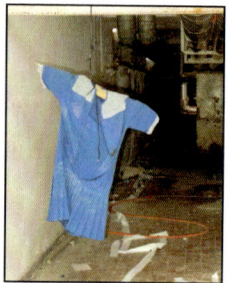

Das Gespenst des Zimmermädchens

Teile der hölzernen Deckenkonstruktion, die von der eindringenden Feuchtigkeit langsam zu Fall gebracht wird. Die heutigen „Gäste" erfreuen sich nicht mehr an sexy Hostessen, sondern an der Erotik der allgegenwärtigen Verletzungsgefahr. „Hi Robert, Grüße aus dem Haludovo", hat ein stolzer deutschsprachiger Trümmer-Tourist in der von Zerstörungswütigen völlig ausgeweideten und zum Teil sogar in Brand gesetzten Bowlingbahn an die Wand gesprayt.

Friedlicher geht es in den dunklen Ecken des Hotels zu, dort trauen sich die Ruinen-Rambos offenbar nicht hin. Die finstere Kellerdisko und der angrenzende flaschenlose Weinkeller sind beinahe besenrein. An der Decke hängen die noch intakten Scheinwerfer, die einst zu ABBA & Co. auch die Lichter tanzen ließen. Der Fotograf wirft einen Blick ums Eck und schreckt zurück: „Verdammt!" Lost-Place-Besucher mit Galgenhumor haben über den Gang die blaue Uniform eines Zimmermädchens gespannt. Wir lassen den Geist hängen und wenden uns mit leicht erhöhtem Puls der riesigen Küche zu. Sie ist bis auf ein paar zerfledderte Speisekarten, die auf dem Boden liegen, leer. Die Menüs werden viersprachig (Deutsch, Italienisch, Englisch und Französisch) angepriesen. „Omelett

Innenleben der geplünderten und teilweise in Brand gesteckten Bowlingbahn

Unterirdischer Versorgungsgang

Beinahe unverwüstlich: die Minigolfbahnen aus Beton

Hat hier Saddam Hussein gebadet?

mit Geflügelleber" können wir entziffern und ein heute politisch furchtbar inkorrektes „Kotelett nach Zigeunerart".

Knirschenden Schrittes spazieren wir über Millionen Scherben durch den Speisesaal zur Poollandschaft mit ihren spektakulären Flugdächern aus Beton und runden Becken. In welchem hat Saddam Hussein einst im Champagner gebadet? Wir glauben: in keinem. Die Pools sind riesig. Falls die von den Medien immer wieder erzählte Geschichte stimmt, wird sie sich wohl in der luxuriösen Badewanne einer Suite abgespielt haben. Eine nicht nur wegen des warmen Schaumweins ekelhafte Vorstellung, die wir ebenso schnell hinter uns lassen wollen wie den Geist des Zimmermädchens. Auf dem Weg zum Strand treffen wir zur Abwechslung echte und überaus freundliche Menschen: Anita, Kerstin und Christian, drei Touristen aus Deutschland. Sie haben vor 20 Jahren im Haludovo Urlaub gemacht. „Schade um das tolle Hotel", sagen sie.

Der Architekt der Ferienanlage sah das in einem Interview kurz vor seinem Tod 2013 anders. Ein Konzept wie Haludovo würde heute nicht mehr funktionieren, erklärte Boris Magaš damals und empfahl den Verantwortlichen, den Komplex abzureißen. Wenn niemand dem Verfall Einhalt gebietet, wird man seinem Rat früher oder später nachkommen müssen. Eine Bitte unsererseits: Der im Moment kostenlos benutzbare Haludovo-Minigolfplatz zwischen Strand und Hotel sollte erhalten bleiben und darf auf keinen Fall renoviert werden. Die verrosteten Hindernisse und die verwitterten Betonbahnen stellen Spieler vor eine weltweit einzigartige Herausforderung. Leider hatten wir weder Ball noch Schläger dabei, wollen dies aber demnächst nachholen.

Die riesigen Glasfronten sind alle zerstört.

LOST PLACE

→ Der Weg zum Haludovo ist noch immer gut beschildert, auch Google Maps kennt es. Zu Fuß erreicht man die Hotelanlage, wenn man von Malinska aus 10 bis 15 Minuten den Küstenverlauf entlang nach Norden spaziert. Wer mit dem Auto von der Bundesstraße 102 kommt, biegt nach der Ortseinfahrt von Malinska unterhalb von Sveti Vid rechts ab. Frei und auf eigene Gefahr zugänglich sind nur der Strand, der verfallene Minigolfplatz und Teile der Außenanlagen.

AM RANDE

Zwischen der Brücke, die das Festland mit der Insel Krk verbindet, und Malinska kommt man auf der Bundesstraße 102 an der Abzweigung zur *Römerstadt Fulfium* bei *Mirine*, wie die Gegend heute heißt, vorbei. Auf den Wegweisern stehen beide Namen. Die ganzjährig frei zugängliche und mit dem Auto problemlos erreichbare Ausgrabung liegt etwa 1,5 Kilometer von der Bundesstraße entfernt direkt an der Küste.

Die meisten Überreste der im 1. Jh. n. Chr. von römischen Veteranen gegründeten Stadt befinden sich unter Wasser, weil der Meeresspiegel seit der Antike gestiegen ist. Bestaunen lässt sich hingegen die Dimension der im 5. Jh. aus Steinen des alten Forums errichteten frühchristlichen Basilika. Sie war möglicherweise die größte ihrer Zeit im Mittelmeerraum und wurde von den Archäologen der Gegenwart teilweise rekonstruiert.

GOLI OTOK

ALCATRAZ IN DER ADRIA

Auf einer unbewohnten Insel ließ das Tito-Regime ein „Umerziehungslager" für politische Gegner errichten. Heute ist das weitläufige Gefängnisareal eine Geisterstadt – und ein Mahnmal für den schlampigen Umgang Kroatiens mit der eigenen Geschichte.

KROATIEN

Die im Zusammenhang mit Immobilien gern erwähnte „gute Lage" ist ein dehnbarer Begriff und deshalb mit Vorsicht zu genießen. In diesem Fall kann man versichert sein: Die Lage von Goli Otok ist nicht nur gut, sondern – zum Leidwesen der einst davon Betroffenen – bestens: für ein absolut ausbruchssicheres Gefängnis. Nur 3 Kilometer trennen die Insel vom kroatischen Festland, doch die haben es in sich. Es gibt allerlei schroffe Felsen, gefährliche Strömungen und heimtückische Winde, die für einen abenteuerlichen Wellengang sorgen. Ohne Boot ist Goli Otok weder zu erreichen noch zu verlassen. Aber auch mit Boot bleibt es zumindest eine echte Herausforderung.

Wir haben Glück. Am Tag unserer Überfahrt bläst nicht die im Winter übliche eiskalte Bora aus Nordosten, die mit Spitzengeschwindigkeiten von bis zu 250 Kilometern pro Stunde zu den stärksten Winden der Welt zählt. Dafür muss das Motorboot gegen den heftigen Südwind Jugo ankämpfen. Wellen und Böen heben den Rumpf immer wieder gefährlich in die Höhe, um ihn danach im freien Fall zurück auf die Wasseroberfläche prallen zu lassen. „Gardaland", sagt unser Begleiter Dražen, der sich längst ebenso verzweifelt festhält wie wir. Gardaland? Was bitte hat ein harmloser Family-Themenpark am italienischen Gardasee mit unserem Teufelsritt über die Wellen zu tun? „Dort gibt's einige Achterbahnen", übertönt Dražen mit Müh und Not das Heulen des Motors. „Aber keine ist so schlimm wie dieser Seegang."

Bei den Touristen, die Dražen als Reiseleiter im Sommer (!) manchmal nach Goli Otok bringt, kommt der Gardaland-Sager angeblich gut an. „Wenn sie nicht gerade in eine Tüte kotzen", wie er präzisiert. Wir sind im hundertprozentig urlauberfreien November unterwegs, weshalb das 4,7 Quadratkilometer große und unbewohnte Eiland an diesem Tag uns ganz allein gehört. Es ist ebenso wenig einladend wie die Überfahrt: Goli Otok heißt übersetzt „Nackte Insel" – eine Anspielung auf die ursprünglich so gut wie nicht vorhandene Vegetation. Die mickrigen Bäume wurden erst im 20. Jahrhundert gepflanzt, als sich die ersten Menschen „dauerhaft" auf den unwirtlichen Riesenfelsen verirrten. Es waren Soldaten der österreichisch-ungarischen Armee, die hier im Ersten Weltkrieg ein Lager für gefangene Russen errichteten.

Einsamer Schuh eines Inhaftierten

Danach versuchte ein italienisches Unternehmen, auf der Insel das Aluminiumerz Bauxit abzubauen. Das war allerdings unrentabel und Goli Otok wurde zur menschenleeren Schafweide. Nur ab und zu schipperten Bauern vorbei, um nach ihren Tieren zu sehen. Die Idylle währte bis 1949. Eine schwere außenpolitische Krise hatte die damals junge und praktisch kommunistische Volksrepublik Jugoslawien an den Rand eines Kriegs mit der ebenfalls kommunistischen Sowjetunion gebracht. Schuld war die Abnabelung der

Malerische Umgebung, mörderisches Regime: Bis zu 400 Menschen sollen auf der Insel den Tod gefunden haben.

jugoslawischen Parteidiktatur unter Marschall Josip Broz Tito von Moskau beziehungsweise von Stalin. Man wollte die Vormachtstellung auf dem Balkan und strebte nach wirtschaftlicher Unabhängigkeit, was die Streitparteien öffentlich ideologisch weichgezeichnet darstellten: Tito und Stalin beziehungsweise ihre jeweiligen Schergen warfen sich gegenseitig vor, von der „reinen" kommunistischen Lehre abzuweichen.

Was aus heutiger Sicht lächerlich klingt, hatte für Tausende Menschen im ehemaligen Jugoslawien lebensbedrohliche Folgen. Das Tito-Regime nutzte den Bruch mit der Sowjetunion, um sich parteiinterner Kritiker zu entledigen. Sie wurden als Stalinisten bezeichnet, von der Geheimpolizei festgenommen und nach Goli Otok deportiert. Auf der Insel entstand ein sogenanntes Umerziehungslager. Über die Zahl der Gefangenen gibt es keine gesicherten Angaben. Die meisten der ohnehin spärlich vorhandenen Dokumente sind spätestens in den Wirren rund um den Untergang des jugoslawischen Staats 1992 „verloren gegangen". Fest steht, dass die politische Säuberungsaktion ein erschütterndes Ausmaß hatte. Historiker schätzen, dass allein zwischen 1949 und 1955 auf Goli Otok und der Nachbarinsel Sveti Grgur, auf der sich eine Haftanstalt für Frauen befand, 11 000 bis 18 000 Menschen festgehalten wurden.

Im Lager herrschten Zustände wie in einem KZ: Die Gefangenen mussten in den Steinbrüchen schwerste körperliche Arbeit leisten. Dazu kamen Misshandlungen durch das Wachpersonal, die alle darauf abzielten, die Menschen psychisch zu brechen. Das begann schon bei der Ankunft auf der Insel: Die an Händen und Füßen gefesselten Neuankömmlinge wurden verprügelt – von Wächtern und anderen Häftlingen, die man dazu gezwungen hatte. Wer nicht parierte, musste sich zur Strafe einen Tag lang über einen Kübel beugen, der allen anderen zur Verrichtung der Notdurft diente. Die Willkür kannte keine Grenzen. Im Hochsommer wurden die Gefangenen abkommandiert, um frisch gesetzten Bäumchen Schatten zu spenden. Die Männer hatten so in der Gluthitze zu stehen, dass kein direktes Sonnenlicht auf die Pflanzen fiel.

„Titos KZ war kein Vernichtungslager, aber ein System unfassbarer Torturen", ist in einem der Bücher zu lesen, die ehemalige Insassen über ihre Zeit auf der Insel geschrieben haben. Der alltägliche Terror der Wächter ließ erst ab 1955 langsam nach. Jugoslawien hatte sich mit der Sowjetunion ausgesöhnt, die inhaftierten „Stalinisten" wurden nach und nach freigelassen. In ihre Zellen auf Goli Otok steckte man nun andere Regimegegner: Sozialdemokraten, Nationalisten, Monarchisten und Bürgerliche. Ab Mitte der 1960er-Jahre wurde die Anlage zunehmend ein „normales"

Früher streng bewacht, heute sperrangelweit offen: ein Zellentrakt

Im sogenannten Industrieviertel befanden sich die Fabriken und Werkstätten, in denen die Inhaftierten arbeiteten.

Schafe sind die einzigen ständigen Inselbewohner.

Gefängnis mit verurteilten Kriminellen, die der Staat als billige Arbeitskräfte nutzte. Eine kleine Werft entstand, man stellte Möbel und Terrazzofliesen her und betrieb sogar eine Schweinezucht.

Die Zahl der politischen Häftlinge ging zurück, die letzten kamen aber erst 1985 frei. 1988 wurde das Gefängnis geschlossen. Zurück blieb die Geisterstadt, durch die uns Dražen nun führt. Zunächst zeigt er uns die leeren Produktionshallen und Werkstätten. Wie alle Gebäude auf der Insel wurden sie ausschließlich von den Inhaftierten errichtet. „Wir bauen Goli Otok und Goli Otok baut uns", übersetzt er eine verblasste Aufschrift. Sicher nicht aus der Ära des sogenannten Umerziehungslagers stammt der Text, den ein unzufriedener Bürger ein paar Meter weiter auf die Mauer gesprüht hat: „Hier ist Platz für viele kroatische Politiker." Unsere Unterhaltung hat zwei Schafe aufgescheucht, die in einer Halle Schutz vor den

Geplünderte Küche

Überbleibsel eines Pornofilm-Drehs

kalten Windböen gesucht haben. Die Tiere, von denen hier einige Dutzend herumstreifen, sind die einzigen Inselbewohner. Sie rennen blökend davon.

Dražen zeigt auf die Anhöhe: „Seht ihr den kleinen Betonbunker? Die hat es hier überall gegeben. Sie waren in den ersten Jahren rund um die Uhr mit Soldaten besetzt. Tito hatte Angst, dass Stalin russische Fallschirmjäger schickt, um die Gefangenen zu befreien." Eine Art Befreiung fand auf Goli Otok erst nach der Schließung des Gefängnisses statt: Bewohner der umliegenden Inseln „befreiten" die leer stehenden Gebäude von allem, was nicht niet- und nagelfest war. Nur die Bettgestelle konnte offenbar niemand brauchen. Sie rosten nun, aus unerfindlichen Gründen kunstvoll aufgetürmt, im Freien vor sich hin. Drinnen im Zellentrakt fallen uns pinke Kleiderhaken auf. Die Farbe ist ein Überbleibsel diverser Dreharbeiten: Nach den Plünderern entdeckten Pornofilmproduzenten Goli Otok als – für ihre Zwecke – ideale Kulisse.

Die Sexfilme sind nur die Spitze eines absolut schlampigen Verhältnisses: Der kroatische Staat, dem die Insel gehört, kann sich nicht durchringen, dort wenigstens ein Museum zu errichten. Historisch unabhängig aufgearbeitet hat man die Vorgänge in dem Gefängnis nie. Die Faktenlage ist ebenso marod wie die verlassenen Gebäude. Was geschah mit den Leichen der bis zu 400 Tito-Gegner, die hier angeblich den Tod gefunden haben? Wie viele Menschen wurden zwischen 1949 und 1988 wirklich auf Goli Otok festgehalten? Manche Quellen sprechen von bis zu 3 500

Die Häftlinge stellten auch Terrazzofliesen her.

gleichzeitig Inhaftierten und mehr als 50 000 insgesamt. Das Interesse der kroatischen Öffentlichkeit konzentriert sich eher auf Zukunftsfragen. Zuletzt entbrannte 2014 eine leidenschaftliche Diskussion darüber, ob man auf Goli Otok ein Ferienresort für Homosexuelle errichten solle. Die Lage der Insel sei wegen ihrer Abgeschiedenheit bestens geeignet, hieß es in der entsprechenden Empfehlung einer Expertengruppe an das Tourismusministerium.

Für unerschrockene Urlauber, die Goli Otok schon jetzt ansteuern, hat im Sommer ein kleines Lokal am Hafen geöffnet. In der Hochsaison verkehrt auf den Straßen zwischen den Ruinen ein Bummelzug, der im Internet blumig beworben wird. „Gänsehaut-Feeling und Urlaubsvergnügen zugleich", ist da zu lesen. Auf einer anderen Tourismus-Webseite steht, dass das „verrufene Gefängnis" von Besuchern „liebevoll" als Alcatraz bezeichnet wird. Und natürlich wird die Insel auch als „Badeparadies" angepriesen. Erinnerungskultur auf Kroatisch. „Eine Schande", fasst es Dražen zusammen und drängt zum Aufbruch. Der Sturm ist stärker geworden.

Im heftig schaukelnden Boot findet unser nachdenklicher Reiseleiter schnell wieder zu seiner Rolle als Entertainer zurück. Mit einem Blick auf die Wellen kündigt er wieder fröhlich an: „Gardaland!"

LOST PLACE

→ *Goli Otok* steht im Sommer auf dem „Fahrplan" mehrerer Anbieter von Tagestouren mit dem Boot. Ausgangspunkte sind u. a. die Ortschaften Baška auf der Insel Krk, Lopar auf der Insel Rab und die Stadt Senj auf dem Festland.

AM RANDE

In Baška lohnt sich ein Ausflug zur *Ruine des alten Kastells*. Sie befindet sich in unmittelbarer Nähe des Friedhofs auf einem Hügel oberhalb des Orts. Dort lag Alt-Baška. Die vom Kastell (offenbar nicht ausreichend) beschützte Siedlung wurde 1380 von den Venezianern zerstört und nicht mehr aufgebaut. Der *Friedhof* ist mit dem Auto zu erreichen und leicht zu finden – man orientiert sich einfach am markanten ockerfarbenen Turm der dazugehörigen Kirche. Die Ruine des Kastells liegt rund 100 Meter nordwestlich des Parkplatzes direkt an einem Wanderweg.

BEGRIFFSERKLÄRUNGEN

Aquädukt: (Römisches) Bauwerk zum Transport von Wasser

Doline: Schlot-, trichter- oder schlüsselförmige Senke, meist mit einem runden oder elliptischen Grundriss, im Karstgebiet. Dolinen entstehen, wenn sich an der Erdoberfläche Gestein durch Verwitterung auflöst oder wenn eine Höhle im Untergrund einstürzt.

Franziszeischer Kataster: Der erste vollständige österreichische Liegenschaftskataster entstand im 19. Jahrhundert zum Einheben der Grundsteuer. Benannt ist er nach Kaiser Franz I.

Glagolitische Schrift: Erste slawische Buchstabenschrift, auch „Glagolica" genannt. Sie wurde vom byzantinischen Mönch Kyrill von Saloniki (826-869) konzipiert und in Kroatien bis zum 19. Jahrhundert verwendet, wo die Buchstaben bis heute als Verzierung auf Schmuckstücken oder als Vorlagen für Tätowierungen dienen.

Hunt: Förderwagen im Bergbau, mit dem Erz aus dem Stollen transportiert wird

Industriearchäologie: Erforschung der materiellen Überreste des Industriezeitalters

Kaverne: Künstlich angelegte Höhle

Klaustrophobie: Krankhafte Angst vor engen und/oder geschlossenen Räumen oder dem tatsächlichen oder gefühlten Eingesperrtsein

Lehensträger: Mittelalterlicher Begriff für eine Art Pächter. Ein Lehen war ein Grundstück oder Gut, das dessen Eigentümer (Lehensherr) unter der Bedingung der gegenseitigen Treue in den erblichen Besitz des Berechtigten (Lehensträger) übergab.

Lost Place: Ein vor allem in der deutschen Sprache häufig verwendeter Pseudoanglizismus für vergessene Orte. Auf Englisch spricht man, wenn man einen Lost Place meint, von „abandoned place" oder „abandoned location".

Ministerialgeschlecht: mittelalterliche Beamtendynastie

Pochwerk: Meist durch ein Wasserrad angetriebene Maschine zur Zerkleinerung von Erz

Renaissance: Europäische Kulturepoche des 15. und 16. Jahrhunderts

Saumpfad: Ein für Fuhrwerke zu schmaler Weg über einen Berg, auf dem Waren von Lasttieren transportiert wurden

Stalaktiten und Stalagmiten: Tropfsteine. Ein Stalaktit wächst von der Höhlendecke nach unten, ein Stalagmit vom Höhlenboden nach oben.

Tender: Vorratsbehälter einer Dampflokomotive für Brennstoffe und Wasser

VERWENDETE QUELLEN UND WEITERFÜHRENDE LITERATUR

Deuer, Wilhelm: Burgen und Schlösser in Kärnten - Kulturwanderungen. Heyn, Klagenfurt, 2008.

Domenig, Raimondo: Der Blei- und Zink-Erzbergbau in Raibl. In: 12. Europäischer Knappen- und Hüttentag 2002 in Arnoldstein. Festkomitee der Traditionsmusik der BBU Arnoldstein, Arnoldstein, 2002.

Gasper, Reinhold, und Ucik, Friedrich Hans: Der ehemalige, in der Fachliteratur bisher unbekannte Schrottturm nahe der Hollenburg (Südkärnten) und die übrigen Schrotttürme in Kärnten bzw. Österreich. In: Carinthia II 196/116, Naturwissenschaftlicher Verein für Kärnten, Klagenfurt, 2006.

Hofmann, Peter R.: Unterirdisches Slowenien - Ein Expeditionsführer zu den Höhlen des klassischen Karstes. BOD, Noderstedt, 2015.

Joham, Ludwig: Schloss Waldenstein im Lavanttal in Kärnten. Ploetz, Wolfsberg, 1960.

Karpf, Kurt, und Vetterling, Claus: Neue Forschungen zur alten Glashütte Tscherniheim. In: Archivwissen schafft Geschichte - Festschrift für Wilhelm Wadl zum 60. Geburtstag. Geschichtsverein für Kärnten, Klagenfurt, 2014.

Konopasek, Robert: Spitzelofen, ein Marmorsteinbruch aus römischer Zeit in Kärnten. In: Res montanarum 38/2006. Montanhistorischer Verein Österreich, Leoben, 2006.

Krainer, Harald: Zur Forschungsgeschichte der Eggerloch-Höhle bei Warmbad-Villach und ihrer ältesten Inschriften. In: Neues aus Alt-Villach, 51. Jahrbuch des Stadtmuseums. Museum der Stadt Villach, Villach, 2014.

Lux, Claudia: Die schönsten Kärntner Seen - 33 Ausflüge für Genießer. Styria, Wien-Graz-Klagenfurt, 2016.

Lux, Claudia, und Richter, Nicole: 50 Dinge, die ein Kärntner getan haben muss. Styria, Wien-Graz-Klagenfurt, 2016.

Lux, Georg, und Weichselbraun, Helmuth: Gold in Österreich - Eine Schatzsuche. Styria, Wien-Graz-Klagenfurt, 2015.

Lux, Georg, und Weichselbraun, Helmuth: Kärntens geheimnisvolle Unterwelt - Stollen, Höhlen, verborgene Gänge. Styria, Wien-Graz-Klagenfurt, 2013.

Marktl, Martin: Zeitreise Kärnten - Ein Lesebuch zur Geschichte des Landes. Styria, Wien-Graz-Klagenfurt, 2014.

Messner, Hans: Das Kanaltal - Zwei Flüsse, drei Kulturen, vier Sprachen. Styria, Wien-Graz-Klagenfurt, 2015.

Mileusnić, Ivo, und Mohović, Robert: First in the World - 150 Years of Rijeka's Torpedo (Katalog zur Ausstellung). City Museum of Rijeka und Maritime and History Museum of the Croatian Littoral Rijeka, Rijeka, 2016.

Neumann, Wilhelm: Die Türkeneinfälle nach Kärnten. In: Südost-Forschungen, Band XIV, R. Oldenbourg, München, 1955.

Pilgram, Gerhard, und andere: Die letzten Täler - Wandern und Einkehren in Friaul. Drava, Klagenfurt, 2008.

Prasch, Helmut: Waldglas aus Oberkärnten - 1621 bis 1870. Bezirksheimatmuseum Spittal/Drau, 1971.

Ramhapp, Britta: Triest - Stadt zwischen Karst und Meer. Styria, Wien-Graz-Klagenfurt, 2016.

Rauter, Dietmar, und Rainer, Herwig: Ein Verkehrsweg erschließt die Alpen - Die Kronprinz Rudolf-Bahn. Mlakar, St. Peter ob Judenburg, 1992.

Rauter, Dietmar, und Rainer, Herwig: Ein Verkehrsweg erschließt die Alpen - Die Nebenbahnen der Kronprinz Rudolf-Bahn. Mlakar, St. Peter ob Judenburg, 1998.

Silan, Stanko: Rakov Škocjan und der Naturlehrpfad. Regionalinstitut für Naturschutz und Denkmalpflege, Ljubljana, 1995.

Stupnik, Maria, und Zaworka, Josef: Bad Bleiberg einst und jetzt - Ein Beitrag zum 650-Jahr-Jubiläum 1985. Marktgemeinde Bad Bleiberg, 1985.

Trimmel, Hubert: Die Villacher Naturschächte (Kärnten). In: Die Höhle - Zeitschrift für Karst- und Höhlenkunde, Wien, 1974.

Trimmel, Hubert: Die Höhlen in der Villacher Alpe (I. Bericht). In: Carinthia II 153/73, Naturwissenschaftlicher Verein für Kärnten, Klagenfurt, 1963.

Zeloth, Thomas: Anfänge und historische Entwicklung der Villacher Brauerei bis 1990. In: 150 Jahre Villacher Brauerei - Jubiläumsfestschrift. Vereinigte Kärntner Brauereien AG, Villach, 2008.

INTERNET

Adria Mare (Reisen nach Kroatien): *www.croadria-mare.com*

Blog „Trieste abbandonata" (Verlassenes Triest): *triesteabbandonata.wordpress.com*

Die schlimmsten Fehler von Architekten und Stadtplanern: *www.failedarchitecture.com*

Einst Wirtschaftswunder, heute Lost Place: die Stärkefabrik Chiozza in Ruda (Italien)